リアクション上手の英会話

あいづちとほめことばで話が弾む！

[著] A+Café 長尾和夫

Gakken

はじめに

　英語で楽しく会話ができたらよいけれど、自分はあまり流暢に話せないから、話題が続かず盛り上がらない…と思っていませんか。

　でも、英会話で大切なのは、ボキャブラリーの量や文法の正確さだけとは限りません。

　相手の話をちゃんと聞いて、それに興味を示して反応すること。つまり、リアクションをとることで、話し手とのコミュニケーションが始まるのです。

　すらすらと自分の意見を述べるばかりが会話の全てではありません。その場の話題や話し手に関心を持ち、「へえ！」「ホント!?」と、タイミングよくあいづちを打ったり、「すごい！」「いいね！」と、短いことばでも自分の思いを口にすることも、会話の重要な要素です。「私はあなたの話を聞いていますよ」「その楽しい話の続きを聞かせてください」という気持ちを表すことで、たとえ英語ペラペラでなくても、生き生きとした会話を交わすことは可能です。

　そう、楽しく会話をしよう、話を弾ませようというポジティブな態度こそが、英会話を盛り上げるポイントなのです。

　この本では、簡単なあいづちや、話し手へのさまざまなほめことばを紹介します。それらのリアクションを上手に使って、会話に前向きな"ポジティブスピーカー"になることができれば、きっと英語で話す喜びはもっと広がることでしょう。

　　　　　A+Café（アルファ・プラス・カフェ）　長尾和夫

もくじ

はじめに …………………………………… 3

第1章
話が広がるあいづち …………………… 7

Unit

- 01 「うん」「そうだよ」…………… 8
- 02 「ううん」「あんまり」………… 10
- 03 「それで?」……………………… 12
- 04 「そうだね」……………………… 14
- 05 「そうなの?」「初耳!」………… 16
- 06 「そう」「そのとおり」…………… 18
- 07 「間違いない」「まったくだ」… 20
- 08 「そうかもね」「おそらくね」… 22
- 09 「ほんとう?」「マジ?」………… 24
- 10 「なんで?」「どうして?」……… 26
- 11 「うわっ!」「おっと!」………… 28
- 12 「えっ!」「なんてこと!」……… 30
- 13 「なにっ?」「うっそー!?」…… 32
- 14 「信じられない!」
  「うそ言うなよ!」……………… 34
- 15 「やったあ!」…………………… 36
- 16 「よかった」「ほっとした」…… 38
- 17 「いいなあー」
  「うらやましいな」……………… 40
- 18 「へえ」「おもしろい」…………… 42
- 19 「なんと言いました?」………… 44
- 20 「もう一度言って」……………… 46
- 21 「わからない」…………………… 48
- 22 「さっぱりわからない」………… 50
- 23 「いいよ」「もちろん」…………… 52
- 24 「わかった」「了解」……………… 54
- 25 「ほんとうだよ」………………… 56
- 26 「私も!」「いいねー!」………… 58
- 27 「そうそう」
  「そうこなくちゃ!」…………… 60
- 28 「ありがとう」…………………… 62
- 29 「ありがたいけど…」…………… 64
- 30 「遠慮しておきます」…………… 66
- 31 「どういたしまして」…………… 68
- 32 「気にしないで」………………… 70
- 33 「ごめんなさい」………………… 72
- 34 「ひどいね」「残念だね」………… 74
- 35 「なんてこと」
  「ついてないね」………………… 76
- 36 「元気を出して」………………… 78

[コラム] 握手とハグは
どうすればいい? ……………… 80

第2章 心が弾むほめことば ……… 81

Unit
- 37 「すごい！」 ……… 82
- 38 「最高！」「すばらしい！」 ……… 84
- 39 「やったね！」 ……… 86
- 40 「悪くない」「まあまあだ」 ……… 88
- 41 「おもしろい！」 ……… 90
- 42 「笑える！」 ……… 92
- 43 「やさしい！」 ……… 94
- 44 「美しい！」「きれいだ！」 ……… 96
- 45 「かわいい！」 ……… 98
- 46 「かっこいい！」 ……… 100
- 47 「おいしい！」 ……… 102
- 48 「やったね」 ……… 104
- 49 「よくできたね」 ……… 106
- 50 「おめでとう！」 ……… 108
- 51 洋服をほめる ……… 110
- 52 髪型をほめる ……… 112
- 53 趣味をほめる ……… 114
- 54 持ち物などをほめる ……… 116
- 55 贈り物をほめる ……… 118
- 56 アイディアをほめる ……… 120
- 57 性格、性質をほめる ……… 122

[コラム] ほめられたときの謙遜は NO GOOD ……… 124

第3章 フレーズをいかしたポジティブトーク ……… 125

Dialog
- 01 きまってるね！ ……… 126
- 02 やさしいのね！ ……… 128
- 03 すごい才能があるのね！ ……… 130
- 04 きれいな庭ね！ ……… 132
- 05 就職おめでとう！ ……… 134
- 06 すてきなパーティーね！ ……… 136
- 07 かわいい娘さんね！ ……… 138
- 08 キュートなペットね！ ……… 140

[コラム] ジェスチャーを上手に使おう！ ……… 142

著者
A+Café（アルファ・プラス・カフェ）　長尾和夫

イラスト
中小路ムツヨ

アートディレクション
辻中浩一（ウフ）

本文デザイン
一柳茂（クリエーターズユニオン）
辻中浩一　内藤万起子　永田由紀（ウフ）

第1章
話が広がる あいづち

英語で会話する場面で、Yes.（はい）、Well.（ええ）と、同じあいづちばかり打っていませんか？ 日本語で あいづちを打つときだって、「はい」や「ええ」ばかりでは話が広がりません。これは、英語でもまったく同様です。相手の話の内容にぴったりで、しかも自分の気持ちがバッチリ伝わるあいづちを覚えて、聞き上手、合いの手上手 を目指しましょう。

1

Unit 01 「うん」「そうだよ」

 うん。

A: You wanna get some lunch?

B: **Yeah.**

 うん。

A: Are you ready to go?
B: **Yep.**

 そうだよ。

A: Is this your jacket?
B: **Uh-huh.**

相手の話にうなずく場面で使う代表的なフレーズ。"Yes." ばかりを使うのではなく、いろいろな言い方で会話を上手に運んでみましょう。

 ここがポイント！

A: ランチ、買いに行く？
B: **うん、そうだね。**

実際の日常英会話では、"Yes." よりも この "Yeah." のほうがより多く使われます。カジュアルな言い回しですが、失礼な響きはありません。"Yeah." は、「はい」「うん」「そうだね」「ええ」と言うときに、だれにでも使える、万能表現なのです。

A: もう行ける？
B: **うん。**

発音は「イェップ」です。これもカジュアルに「はい」と言うときのバリエーションです。「うん」「ああ」といった響きなので、目上の人や上司などにはあまり使いませんが、親しい仲ならボスに使っても大丈夫です。

A: これ、あなたのジャケット？
B: **そうだよ。**

相手の言ったことにうなずいて、「うん」「うんうん」「そうだよ」「ああ」と返事をするときのひとことです。「アハー↗」と上げ調子に発音しましょう。このフレーズも、ほかの2表現と同様カジュアルな響きが出せます。

Unit 02 「ううん」「あんまり」

ううん。

A : Have you heard anything from Nancy?

B : **Nope.**

いやー。

A : You want to come with us?
B : **Nah.** I think I'll stay home.

あんまり。

A : Do you like your new job?
B : **Not really.**

「ううん」「いや」「あんまり」など、カジュアルな言い回しや、微妙なニュアンスのあるひとことを覚えれば、やんわりと相手のことばを否定することができます。

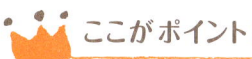ここがポイント！

A: ナンシーから連絡はあった？

B: **ううん。**

"No." のカジュアルバージョンにあたるのが、この "Nope." です。「いや」「いいや」「ううん」と、自然で軽くあっさりした感じに否定することができますよ。A の文にある hear from は「…から連絡がある」という意味です。

A: いっしょに来る？

B: **いやー、**私は家にいようかな。

発音は「ナー」。「いやー」と、ちょっとためらったり、お茶を濁したりするニュアンスのある表現。"Nah. That's okay." (いやー、けっこうです) とか、"Nah. It's not for me." (いやー、私はちょっと) という感じで。

A: 新しい仕事はどう？

B: **いや、それほどでも。**

「あまり [それほど] …じゃない」といったニュアンスの否定のフレーズです。完全に "No." とは言い切れないけれど、あまり気に入らないときなどに使いましょう。"Not very much." や "Not that much." などもほぼ同じ意味。

Unit 03 「それで?」

それで?

A: So I went to the store to buy you a present ...

B: **And?**

それで、どうなったの?

A: And we ran out of gas in the middle of the desert.

B: **What happened then?**

それからどうするの?

A: First you deal out all the cards.

B: **Then what?**

上手に話を進めていくときには、相手の話の合間に、「それで？」「それから？」「どうなったの？」などと、会話に即した合いの手を入れましょう。

ここがポイント！

A: それで君へのプレゼントを買いにお店に行ったんだ…
B: **それで？**

話に興味を示しながら、ポジティヴな調子で明るく言うと、「それで？」「それから？」と、話を促すニュアンスが出せます。逆に、納得できないときや、気分を害しているときに、反抗的な口調で話すと、「だからなんなの？」という響きにもなるので注意しましょう。

A: 砂漠の真ん中でガス欠になっちゃったんだよ。
B: **それからどうなったの？**

"What happened?" は「なにが起こったの？」と、すでに起きたことを聞く表現。「それからどうしたの？」「それでどうなったの？」と興味を示しながら、話の続きを引き出すときに。

A: まず、カードを全部配るの。
B: **それから？**

「それから、なに？」が直訳。なにかの説明などを聞いている途中で、「それからどうするの？」「そのあとどうするの？」「そうなったらどうするの？」と、手順ややり方などをたずねます。

Unit 04 「そうだね」

 そうだね。

A: We need to hurry.

B: **Right.**

ホントだね!

A: This dinner is delicious!
B: **It sure is!**

そうだよね!

A: Sandra is such a great singer!
B: **I know!**

相手のことばを肯定して、「そうだね」とあいづちを打ってあげれば、相手は気分をよくして、会話がもっと弾みます。

 ここがポイント!

A: 急がなきゃ。
B: **そうだね。**

「そう」「ええ」「そうだね」「わかります」「わかってます」と、相手のことばにうなずくときに使います。ダイアログのように「〜しなきゃならない」という相手のことばへの返事にもよく使います。

A: この料理おいしいね！
B: **ホントだね!**
相手のことばに、「ほんとうにそうだね！」とうなずくときに使います。相手の言ったことに反応して、「自分もまったく同じように思う」と感じているときに。sure は「確かだ」という意味の強調の語。

A: サンドラってすごい歌手だよね！
B: **そうだよね!**
"I know." は直訳すると「知っています」となりますが、相手の言った話に応じて、「そうだね」「そうだよね」「ねー！」とうなずくニュアンスになります。
"I know, right!"（そうだよね！）と言ってもほぼ同じニュアンスが出せます。

Unit 05 「そうなの？」「初耳！」

そうなの？

A: Tony actually has a Ph.D.

B: **Is that right?**

へえ！

A: I have two children.
B: **I didn't know that!**

へえ、それは初耳。

A: They're going to tear down the building next door.
B: **That's news to me.**

相手の話に興味を示しながら、「へえ」「そうなんだ」「初耳だね」などとうなずいてあげることで、さらにおもしろい話や楽しい話が続きます。

ここがポイント!

A: 実はトニーって博士号をもってるんだよ。

B: **そうなの?**

"Is that right?" の直訳は、「それは正しいのですか?」ですが、実際は「そうなの?」「ほんとう?」と驚くニュアンスの返事です。初耳の情報に対して使いましょう。上げ調子に、声を大きくしたり高くしたりすると、だいぶ驚いた口調になります。

A: 私は子供が2人いるのよ。

B: **へえ!**

「へえ(知らなかった)!」といった響きがあるひとこと。聞かされた話がまったく思いがけない情報だった場合にもってこいです。文頭の"I"を強く読むと、意外だという気持ちをより強調できます。

A: 隣のビルを取り壊すんだって。

B: **へえ、それは初耳ね。**

「それは、私にとって新しい知らせです」が直訳。「それは初耳ですね」「その話、聞いたことないですね」「それは、聞いてないなー」といった日本語に近いニュアンスです。こう言えば相手は新しい情報を提供してくれるでしょう。

Unit 06 「そう」「そのとおり」

そのとおり。

A: You mean you have to pay to get into the restaurant?

B: **Exactly.**

当たり！

A: I think the answer is "A."
B: **Bingo!**

そうよ！

A: Ahhh. So you want me to invite Mary to come so you can talk to her.
B: **Yes!**

ここでは、相手の話に対して、「そのとおり！」「当たり！」「そうだよ！」などと積極的に肯定するときの言い方を紹介していきます。

ここがポイント！

A: レストランに入るときに、お金を払わなきゃダメってこと？
B: **そのとおりなのよ。**

「まさしくそのとおり」という意味のフレーズです。ダイアログの例のように、「つまり〜ってこと？」などと相手がなにかを確認してきた場合などに使うと、とてもしっくりくる言い方です。

A: 答えはAだと思う。
B: **当たり！**
「ピンポン！」「ずばりそのとおり！」「正解っ！」といったニュアンスのことば。相手がずばりなにかを言い当てた瞬間に間髪を入れずに使いましょう。カジュアルな表現なので、会議などにはふさわしくありません。

A: ははーん。つまり、あなたがメアリーと話したいから、私に彼女を誘ってほしいってこと？
B: **そうなんだ！**
なかなか理解してくれなかったことを、やっとのことで相手がわかってくれた瞬間などに、「そう！」「そうよ！」といったニュアンスでよく使います。"Yés!" と強く発話しましょう。

Unit 07 「間違いない」「まったくだ」

間違いない!

A: She would make a great mother.

B: **Definitely!**

まったく同感だね。

A: I think that band is the best ever.
B: **I agree with you completely.**

まったくねー。

A: Oh, I wish I could spend a week on a beach in the Bahamas!
B: **You and me both.**

相手と同じ意見や気持ちでいるときのあいづちを覚えましょう。上手に同感や共感のフレーズを使いこなせば、さらにポジティヴな会話ができるようになります。

ここがポイント！

A: 彼女はすばらしい母親になるよ。

B: **間違いない！**

相手の言ったことに対して、ポジティヴに「絶対そうだ！」「間違いない！」と答えるニュアンスのひとことです。なんでもかんでも、"Definitely!"を連発するネイティヴもいます。"Totally!"と言っても、ほぼ同じようなニュアンスになります。

A: あのバンドって、史上最高だね。

B: **まったく同感だね。**

「まったく同感だ」「まったく自分もそう思う」と言いたいときに使いましょう。相手の言っていることに、そっくりそのまま同意できる気持ちのときに、ハキハキと発話してみましょう。

A: ああ、1週間バハマのビーチで過ごせたらなー。

B: **まったくねー。**

直訳すると「あなたと私どっちもね」ということですが、「ほんとうだよねー」「まったくねー」と、同意しながらうなずくニュアンスです。どちらかというと、ちょっとなにかに不満をもっているときによく使います。

Unit 08 「そうかもね」「おそらくね」

 ## かもねー。

A : Wait. Is the party over?

B : **I guess.**

 ## おそらくね。

A : Is Patty running late again?
B : **Probably.**

 ## じゃないかな。

A : You think I can sneak into the meeting now?
B : **I suppose so.**

そうじゃない? 知らないけど

相手の話に対し自分は確信をもてない場面はときどきありますね。そんなときに、「そうかもね」「おそらくね」と答える表現を使えば、曖昧な話も上手にできるようになります。

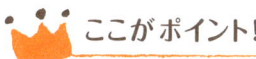ここがポイント！

A: あれっ。パーティー、終わってる？
B: **かもねー。**

「かもねー」「そうかもねー」「よくわからないけど、そうなんじゃない？」といった、やや気の抜けた生返事のニュアンスです。"I guess so." と元気に言えば、「そうじゃないかな」「そうかも知れないね」と、もう少ししゃきっとした響きが出せます。

A: パティーったら、また遅れてるの？
B: **おそらくねー。**

probably は ＞ maybe よりもやや可能性が高いと思うときに使います。probably が「おそらく」、maybe が「たぶん」という日本語に対応していると考えると、しっくりきます。

A: いま、ミーティングに忍び込めると思う？
B: **じゃないの？**

カジュアルな場面では、「(よくわからないけど) そうじゃないかな、いいんじゃないかな」といったニュアンスになります。フォーマルな場面でも、「そうかもしれないですね」といった響きで使えます。

Unit 09 「ほんとう?」「マジ?」

ほんとう?

A : Come on.
  I'll give you a ride.

B : **Really?**

ほんとうに?

A : I don't mind writing that report for you.
B : **Seriously?**

マジー!?

A : We did it! We passed the audition!
B : **For real !?**

「ほんとうに？」「マジで？」と肯定的に言うときの英語表現を覚えましょう。うれしそうな調子で発話するように心がけて。

ここがポイント！

A: 行こう。乗せてってあげるからさ。

B: **ほんとう？**

really は「ほんとうに」という意味の副詞。1ワードの疑問文にすると、日本語の「ほんとう？」「ほんとうに？」と、ほぼ同じニュアンスで使えるので、とても便利です。Really?（↗）と、尻上がりの質問調で発話するのを忘れないようにしましょう。

A: あなたのレポート、私が書いてあげてもいいわよ。

B: **ほんとうに？**

にわかには信じがたいことを耳にしたときなどに「ほんとう？」といったニュアンスで使うとバッチリです。"Are you sure?" でも OK。

A: やった！ 俺たち、オーディションに合格しちゃったよ！

B: **マジかよ!?**

アメリカでは、男子高校生など、若い男性がよく使うイメージのひとこと。「マジ？」「マジでー？」「ほんとうかよ？」といった日本の若者ことばに近い響きがあります。ビジネスには向きません。

Unit 10 「なんで?」「どうして?」

 なんで?

A : I would rather not talk to Sue today.　あまり〜

B : **How come?**

どうして?

A : I don't want to go to the party.
B : **Why not?**

それって、どうして?

A : I'm not sure if this project is going to work.
B : **Why's that?**　うまくいく

相手の話の理由をたずねる言い方を覚えれば、話をさらに引き出したり、展開させることが、スムーズにできるようになります。

ここがポイント！

A: 今日はスーと話したくないのよ。

B: **なんでよ？**

"Why?"と同じ意味で、相手になにかの理由をたずねるときに使うひとことです。"Why?"と置き換え可能ですが、ちょっとカジュアル色が強く、「どうして？」というより「なんで？」といった響きになります。

A: パーティーには行きたくないんだ。

B: **どうしてよ？**

相手が否定文を用いて話をしたときに、「どうして（…じゃないの）？」「どうして？」という意味で使います。"Why?"とだけたずねても大丈夫ですが、相手の表現が否定の場合は、この"Why not?"を使うほうが正式です。

A: プロジェクトがうまくいくかどうか、わからないよ。

B: **それって、どうして？**

直訳すると、「それはどうしてですが？」となりますが、ニュアンスは、基本的には"Why?"とたずねるのとあまり変わらず、日本語の「それは、どうして？」「それ、どうしてなの？」などと、ほぼ同じ響きで使えます。

Unit 11 「うわっ!」「おっと!」

 おっと!

A : You have a typo here.

B : **Oops!**

痛いっ!

A : Watch out for that pole!
B : **Ouch!**

うわっ!

A : Here comes the ball!
B : **Whoa!**

驚いたときや、なにかでミスをしそうになったときなどによく使う、ちょっとした発話、叫びなどにも、いろいろなバリエーションがあります。

 ここがポイント！

A: ここ誤字があるよ。

B: **おっと！**

ものを落としたり、人にぶつかりそうになったりしたとき、なにかで失敗しそうになったときなどに「あっ！」「しまった！」「おっと！」「おっとっと」「あちゃっ！」「ありゃっ！」という感じで発話します。発音は「ウップス」「ウープス」のように言いましょう。

A: その柱、気をつけて！

B: **痛っ！**

「痛っ！」「熱いっ！」などにあたることば。痛いとき、熱いときなどに、びっくりして使います。このほか、痛いときには、"Ow！(アウ)" とも言います。"Ow ow ow ow！" と言えば、「痛たたたっ」という感じ。

A: ボールが行ったよー！

B: **うわっ！**

「ウォーウ」と発音します。急になにかにつまずいたり、なにかが飛んできたりしたときなど、思いがけないことが突然起きたときに使う驚きの間投詞です。"Wow！"（すごーい！／ワウ[ワオ]）と同じ意味で使うこともあります。

Unit 12 「えっ!」「なんてこと!」

🍂 なんてこと!

A: Look what my dog did to my Ferragamo shoes.

B: **Oh my God!**

🍂 えっ!

A: My suit cost me two grand.
B: **Holy cow!**
holy shit

🍂 信じられなーい。

A: She watches TV ten hours a day.
B: **Geez.**
ジーズ

マジでー？あきれたー。

なにかに驚いたときや、話が信じられないときなどに、大げさかなと思うくらい感情を込めて言ってみましょう。

ここがポイント!

A: 見て、フェラガモの靴に、うちの犬がひどいことしたのよ。

B: **なんてことを!**

「なんてこと!」「ええっ!」「ああっ!」「ひどい」などにあたる英語で、強い感情を示すときに使います。God は「神」のことですが、信心深い人は、神様の名前を直接呼ぶのを避けるために、"Oh my goodness!" "Oh my gosh!" や "Oh my!" などのフレーズを使います。

A: 僕のスーツ、2,000ドルもしたんだよ。

B: **えっ!**

"Oh my God." は驚いたとき、あきれたときなど、強い感情がわいたときなら、ほぼいつでも使えますが、この "Holy cow!" は驚いたときだけに使います。"Holy smokes!" や、"Holy shit/hell!" なども同じ意味です。

A: 彼女って、1日10時間もテレビを観てるのよ。

B: **信じられなーい。**

上2つの表現よりも、低めの声でややおとなしく驚くニュアンス。「信じられない」「あり得なーい」「よくやるわ」といった感じです。あきれてうんざりしたときにも、「あきれたー」という意味で使えます。Geez は Jesus の婉曲表現。

Unit 13 「なにっ？」「うっそー！？」

なにっ？

A : Dad, I'm going to quit school and become an actor.

B : **What !?**

うっそー！

A : I got first place in the dance competition.
B : **No way !**

うそでしょう！

A : I heard Cindy broke off the engagement.
B : **You're kidding !**

驚いたときに、「なに？」「うっそー！」「ええっ！」と声を上げる表現は、かんたんですが場を盛りあげるのにはぴったりです。

 ここがポイント！

A: 父さん、僕、学校を辞めて役者になるつもりなんだ。

B: **なにっ？**

日本語でも、耳を疑うようなことを聞いたときには、「なに？」と驚くことがありますが、それと同じ意味で使えるのが、この "What !?" です。「なに !?」あるいは、「えっ !?」「ええっ !?」のように、驚きの感情を込めて発音しましょう。

A: ダンスコンテストで１位になったの！

B: **うっそー！**

「うっそー！ すごい！！」といった響き。いい知らせを聞いたときに、nó と wáy の両方を強調して言いましょう。nó だけを強めると、「うそばっかり」「そんなの信じないよ」という意味になります。

A: シンディーが婚約を破棄したって聞いたよ。

B: **うそでしょう！**

kid は「からかう、かつぐ、ふざける」という意味。「冗談でしょ！」というより、反語的に「うそでしょう！」という驚くニュアンス。"You're kidding me." " You're joking!" なども同じ。

Unit 14 「信じられない!」「うそ言うなよ!」

 信じられない!

A : I ate that whole cake in two days.

B : **Unbelievable!**

信じられない!

A : The woman lifted up a car all by herself to save her baby.
B : **Incredible!**

うそ言うなよ!

A : You know the supermodel Tyler? I'm going out with her.
B : **Get outta here!**

信じられない＝アンビリーバブルな状況では、驚きを強く表すことばで、タイミングよく合いの手を入れれば、話が展開していきます。

ここがポイント！

A: あのケーキ全部、2日で食べちゃった。

B: **信じられない！**

文字どおり、「信じられない！」「うそ！」「ほんとうに!?」といった意味で使うフレーズです。「アンビ**リー**バボー」のように、「リー」の部分を強くネイティヴらしく発音すると good です。

A: 女性ひとりで、車を持ち上げたの。赤ちゃんを救うために！

B: **信じらんなーい！**

「信用できない」がもとの意味。"Unbelievable !" と同じように「信じられない！」という意味なのですが、こちらのほうが、「ものすごい」という気持ちが若干強く感じられます。

A: スーパーモデルのタイラー知ってる？ 俺、つき合ってるんだよ。

B: **うそ言うなよ！**

相手のことばが信じられない場面で、「うそこけ」「またまたー」「うそを言うな」「私をかついでるの？」「いい加減にしろよ！ こら！」といった意味で使います。"Get the hell outta here." や "Get out!" とも言います。

Unit 15 「やったあ！」

イェーイ！

A: We're having hamburgers for dinner today.

B: **Yay!**

やったー！

A: Our football team won the game!
B: **Hurray!**

やったぜ！

A: I'll be able to borrow the car for tonight!
B: **Hot damn!**

うれしい気持ちになったとき、「やったー！」「いいね」など、ノリノリの気分で受け答えして、どんどん会話を盛り上げましょう。

ここがポイント！

A: 今夜はハンバーガーよ。

B: **イェーイ！**

日本語にも定着しつつある「イェーイ」というひとこと。「わーい！」「やったー！」というニュアンスで、子供がよく使うイメージですが、大人の女性でもよく使う表現です。ちなみに、大人の男性は、冗談ぽく言うとき以外はあまり使わず、代わりに"Yeah!"（ヤー）と言うほうがふつう。

A: うちのフットボールチームが勝ったんだって！

B: **やったー！**

「やったー！」「いいぞー！」と、よろこぶときのかけ声です。よい知らせや、相手の成功をよろこぶときにこの表現を使うといいでしょう。日本語の「フレー、フレー」と違い、応援のことばとしては使わないので注意しましょう。

A: 今夜、車を借りられるんだよ！

B: **やったぜ！**

最高な場面で、最低な表現を選んでいるのがクールです。ただし、このあたりからもわかるように、このフレーズをよく使う年齢層はティーンです。"Hot dog!"（バンザーイ）とも言いますが、古くさくダサめです。

Unit 16 「よかった」「ほっとした」

ああ、よかった。

A: Mom's operation was successful.

B: **Thank God.**

ふーっ。

A: I don't think she heard us.
B: **Phew!**

ああ、ほっとした。

A: Boss says he's going to give that job to someone else.
B: **What a relief!**

心配や危険な状況が解消したときの、安堵のひとことを覚えましょう。
相手のことばに心の底から共感できる話し手に変身できます。

ここがポイント！

A: お母さんの手術うまくいったよ。

B: **ああ、よかった。**

ほっとしたときに、「(ああ、)よかった」「(ああ、)ありがたい」というニュアンスで使います。それほどシリアスでない場面でも使えます。「神」という語を含む "Thank God." という言い方を避けて、"Thank goodness." あるいは "Thank heavens." と表現する人もいます。

A: 彼女には聞かれなかったと思うよ。

B: **ふーっ。**

悪い事態を避けられたときなどに、「ふーっ」と言うときのひとこと。「よかった」「ほっとした」という気持ちがこもった言い方です。同時に手で額をふくしぐさをすることもあります。発音は「ヒューッ」。

A: あの仕事は別の人にやらせるって、ボスが言ってるわ。

B: **ああ、ほっとした。**

relief は「安堵、安心」という意味。「ああ、ほっとした」「ああ、よかった」という気持ちのときに使います。ひとつ上の項で紹介した "Phew!" といっしょに、"Phew! What a relief!" と言うこともよくあります。

Unit 17 「いいなあー」「うらやましいな」

いいねー！

A : I'm going to Hawaii over break.

B : **Lucky you!**

いいよねー！

A : Our company pays for our gym membership.
B : **Must be nice!**
いいなー うらやましい。

うらやましいな。

A : I have so much free time on my hands.
B : **I envy you.**

ちょううらやましー

相手のことを「いいな」「うらやましい」と、うらやむ場面によく使うフレーズで、会話を軽快に彩りましょう。

ここがポイント!

A: 休暇中はハワイに行くつもりなの。
B: **いいねー!**

直訳すると、「お前、運がいいなー」となります。「ラッキーだね!」「ついてるね!」「うらやましい!」「いいねー!」「よかったね」といった意味で、相手に起こった幸運などをうらやむときに、とてもよく使う言い回しです。相手もきっと気をよくするはず。

A: 会社で、ジムの会費を払ってくれるんだよ。
B: **いいわねー!**

「いいに違いないわね」が直訳。"Lucky you !"よりも相手をうらやむ気持ちが強い言い方で、日本語の「いいなー」「いいねー」「いいよねー」に近いニュアンスのひとことです。

A: いまかなり時間が自由になるんだよね。
B: **うらやましいな。**

envy は「うらやむ、うらやましく思う」という意味の動詞です。日本人は「うらやましいなー」とよく言いますが、アメリカ人は基本的に人をうらやむことをあまりよしとしないので、この表現をたくさん繰り返すことはありません。

Unit 18 「へえ」「おもしろい」

へえ！

A: This entire sculpture is made of chocolate.

B: **Really!**

おもしろいね！

A: See, if you put soy sauce on avocado, it tastes like tuna.
B: **That's interesting!**

そうなんだ。

A: You can watch TV on Japanese cell phones.
B: **Huh.**

「なるほど」と、自分の知的興味や好奇心を伝えるフレーズを使えば、相手の話を熱心に聞いていることも同時に伝わります。

ここがポイント！

A: この彫刻、全部チョコレートでできてるのよ。
B: **へえ！**

「へえ！」「ほんとうに！」「そうなんだ！」と、相手の話に感心したり、驚いたりしたときに使うひとことです。上げ調子ではなく、really の rea- の箇所を強調して言うと、感心している気持ちがよく伝わる言い方になります。

A: ほら、アボカドにお醤油をたらすとマグロの味になるんだよ。
B: **おもしろいねー！**

interesting は「興味深い」という意味。これも相手の話に感心したり、興味を引かれているときにネイティヴがよく使う言い回しです。「それは興味深いね」「それはおもしろいね」といったニュアンスです。

A: 日本製の携帯電話は、テレビが見れるんだよ。
B: **そうなんだ。**

「ハッ！」と言いながら、半分息を鼻から出す感じで発音しましょう。ちょっと感心したり、驚いたときに、「ほう」「へえ」「ふうん」「そうなんだ！」という気持ちで使います。

Unit 19 「なんと言いました？」

すみません。

A : My name is Tom Rotchtickles.

B : **Excuse me?**

ごめんなさい。

A : I would like to *&B$#.
B : **Pardon me?**

すみません。

A : Do you know *&$%#?
B : **Sorry?**

会話の最中に、相手の話したことばが聞き取れないことはよくありますね。確認表現を使って、ぎこちなかった会話をスムーズに運びましょう。

ここがポイント!

A: 僕の名前は、トム・ロチティックルズです。

B: **すみません（もう一度、お願いします）。**

相手の言ったことが聞き取れなかった場合に使います。最初の音を抜いて、"'scuse me?"（スキューズミー）と言うこともあります。けんか腰の口調で言うと、「なんですって？」「失礼じゃない!?」といった響きにもなるので、軽く手短に言うように気をつけて使いましょう。

A: *&B$# したいのですが。

B: **ごめんなさい（なんと言いました？）。**

"Excuse me?" よりも、少していねいな響きのひとこと。アメリカでは、"Excuse me?" のほうが堅苦しくないので好まれます。"Pardon?" と短く言うこともできますが、"Pardon me?" のほうが使用頻度は高くなります。

A: *&$%# って知ってる？

B: **すみません（なんて言いました？）。**

"I'm sorry?"（すみませんが？）が短くなった言い方。sorry は「すまなく思う、心苦しく思う」という意味。"Excuse me?" や "Pardon (me)?" などと、ほぼ同じニュアンスで使えるひとことです。

Unit 20 「もう一度言って」

もう一度、言ってください。

A : I live in Hephzibah.

B : **Say it again?**

えっ?

A : Dad, I want to go to *&$%#.
B : **What's that?**

なに?

A : You know the Emancipation Proclamation?
B : **Huh?**

聞き返し表現のバリエーションを増やし、会話で不明な点を解消しましょう。相手のことばを確認すれば、無用な誤解も生じません。

ここがポイント!

A: 私はヘプジバーに住んでいるんです。

B: **もう一度、言ってください。**

相手のことばを繰り返してほしいときに使いますが、同時に耳を傾けたり、ちょっと顔をしかめながら、同時にジェスチャーも使って聞き取れなかったことを示すと、より伝わりやすくなります。

A: 父さん、*&$%# に行きたいんだけど。

B: **えっ?**

「それはなんですか?」という意味のフレーズですが、この例のように、相手の話が聞き取れなかったときに「えっ?」「なに?」という意味でも使います。"What?"(なに?)とだけ言うこともあります。

A:「奴隷解放宣言」って知ってる?

B: **なに?**

相手の話が聞き取れなかったり、ピンとこなかったときに発する、「なに?」という感じのひとことです。「なにそれ?」「急になに?」というニュアンスで使われることもあります。「ハッ?(↗)」という感じで発話しましょう。

Unit 21 「わからない」

わからない。

A : Where did George go?

B : **Dunno.**

さっぱり、わからない。

A : Do you know who Marilyn Manson is?
B : **No idea.**

まったく、わからない。

A : How did my dress end up in your drawer?
B : **I have no clue.**

相手の質問への答えが見つからないときには、ここで紹介するフレーズで、きちんとわからないと伝えることが大切です。

ここがポイント！

A: ジョージはどこへ行ったの？
B: **わからない。**

"I don't know." が短く発音されると、「ダノウ」のように聞こえますが、文字で書くと、"Dunno." となります。「私は知りません」ではなく、「わかんない」「さあ」といった響きが出せるひとことです。

A: マリリン・マンソンってだれだか知ってる？
B: **さっぱり、わからない。**

"I have no idea." の先頭の I have が省略されたもの。「アイディアがない」という意味ではなく、相手のたずねたことについて、自分には手がかりがなくわからない、という意味合いで使われます。

A: どうして私のドレスがあなたのタンスにあるのよ？
B: **まったく、わからない。**

clue は「カギ、キー、手がかり」という意味。no clue は「手がかりがない」。「なにかへの手がかりがまったくない」、「さっぱりわからない」「まったくわからない」という意味です。

Unit 22 「さっぱりわからない」

さあ。

A : What is she doing here?

B : **Got me.**

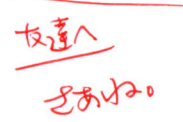

さあ。

A : Why did David go home so early?
B : **Beats me.**

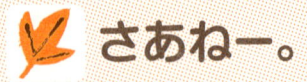

さあねー。

A : I wonder how they did those special effects?
B : **Who knows?**

さらに、質問などへの答えに詰まった場合の言い方を紹介します。「さっぱり」「全然」といったニュアンスが強く出せます。

ここがポイント！

A: いったいなんで彼女がここにいるの？
B: **さあ。**

"You got me."（参ったなあ）が短くなったもの。相手の質問が、まったく自分には答えられないものだったときに使うひとことです。かなりくだけた感じのひとことなので、目上の人、上司、先生などへの返事には向いていません。

A: どうしてデイヴィッドはそんなに早く帰ったの？
B: **さあ。**

"It beats me."（それは私を参らせる）が短くなったもので、"Got me." に近いカジュアルなフレーズです。「参った！ 全然わからないよ」という気持ちから、「さあねー」というニュアンスになります。

A: あの特撮って、どうやって撮ったんだろうね？
B: **さあねー。**

直訳は「だれが知っているというの？」。これも「さあねー」といったニュアンスですが、ほかの2表現とは少し異なり、表現の根底に「私だけじゃなく、だれにもわからないんじゃない？」といったニュアンスがあります。

Unit 23 「いいよ」「もちろん」

もちろん。

A: Can you help me carry the suitcases inside?

B: **Sure.**

かまわないよ。

A: Do you mind watering the plants while I'm gone?
B: **No problem.**

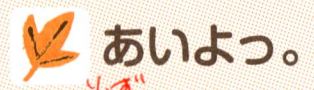

あいよっ。

A: Make sure you are ready to leave by 8 a.m.
B: **Okey dokey.**

相手になにかを頼まれたときに、「オッケー」「いいよ」と気さくに返事をする言い方を覚え、気持ちのよい会話をしましょう。

ここがポイント!

A: スーツケースを中に運ぶの手伝ってくれる？

B: **もちろん。**

「もちろん」という意味のひとことで、"Okay."（オッケー）を、よりポジティブにした感じのひとこと。積極的に、相手に協力する意志が出せるひとことです。類似表現には、"Sure thing."（もちろん）があり、同じ意味、ニュアンスで使えます。

A: 私がいない間、お花に水をやってもらえる？

B: **かまわないよ。**

直訳すると「問題ない」となります。日本語の、「まったく、かまわないよ」「全然オッケー」と近い響きのひとことです。よく "Sure." と組み合わせて、"Sure, no problem."（もちろん、かまわないよ）のようにも使います。

A: 午前8時までには、必ず出かける準備しておいてね。

B: **あいよっ。**

発音は「オウキ（ー）ドウキ（ー）」。相手の要望に、軽くうけ合うときに使う、「はーい」「あいよっ」「はいよー」といった、かなり田舎っぽい軽い響きのフレーズです。

Unit 24 「わかった」「了解」

わかった!

A : No, no. You have to put the sugar in before the sake.

B : Oh, **I get it!**

なるほど。

A : You push this button and the water comes out.
B : **I see.**

わかりました!

A : First you serve the soup, then the salad.
B : **Gotcha!**

相手がなにかを説明してくれたときに、「なるほど」「わかりました」と返事をすれば、自分の理解がきちんと伝わります。

ここがポイント!

A: 違う違う。お酒の前にお砂糖を入れるのよ。

B: **ああ、そうか!**

理解を示すときのカジュアルなひとことです。ここでの get は「わかる、理解する」という意味なので、「ああ、そういうことね」「なるほど、そうか」という響きになります。"I don't get it."のように否定文で言うときは「理解できない」「わからないな」という意味になります。

A: このボタンを押すと、水が出ますよ。

B: **なるほど。**

直訳すると、「私は理解します」となります。日本語の「なるほど」とほぼ同じニュアンスになる言い回しで、とてもよく使われます。深刻な話の中で、「なるほど、そうなんですね」と言うときにも使えます。

A: まずは、スープを出して、それからサラダを出すの。

B: **了解!**

くだけた響きの了解のフレーズで、「ガッチャ」と発音します。指示を受けているときなどに、「了解!」「よしきた!」といった意味で使えます。特になにかを繰り返し説明をしてもらったときに、よく使われます。

Unit 25 「ほんとうだよ」

ほんとうだよ！

B : I think you're beautiful.

A : Nooo.

B : **Seriously!**

ほんとうだよ。

A : I'm sorry.
B : Right.
A : **I mean it.** I'm really sorry.

ほんとうですよ！

A : You are such an excellent singer!
B : You flatter me.
A : **Really!**

相手が自分の話を真に受けてくれなかったり、信じてくれなかったときに念を押す言い方を覚えて、印象づける会話をしましょう。

ここがポイント！

B: 君は美しいと思うな。
A: そんなことー。
B: **ほんとうだよ！**

seriously は「まじめに、真剣に」という意味の語。1 語でダイアログのように使うと、「ほんとうだよ！」と自分のことばがうそではないと強調するニュアンスが出せます。また、相手のことばに同調して、「ほんとうだよね」と言うときにも、この言い方が使えます。

A: ごめんよ。
B: 当たり前よ。
A: **ほんとうだよ。** ほんとうに反省してるんだ。

mean it は「それをほんとうに (本気で) 意味している」という意味で、自分は真剣に言っているんだと再度強調する言い方。"I mean what I said." ([僕の言ったことは] 本気だよ) のように言うこともあります。

A: あなたはすばらしく歌がうまいですね！
B: お世辞、言わないでよ。
A: **ほんとうですよ！**

自分のことばをあまり信じてくれていなさそうな相手に向かって、「ほんとう (にそうなん) だよ！」「心から、そう思うんだよ！」と念を押すときに使うフレーズ。上げ調子で "Really?" (↗) と言わないように注意しましょう。

Unit 26 「私も！」「いいねー！」

うん！

A : We're going hiking. You wanna come?

B : **Count me in!**

入れてよ!!

いいねー！

A : We're going to have a party. Won't you come?
B : **Sounds great!**

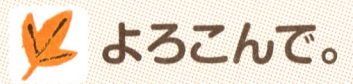

よろこんで。

A : Why don't you come over to my gallery sometime?
B : **I'd love to.**

「いっしょに…しよう」などと、誘われたときの返事を覚えましょう。元気な声で誘いに応じると、気持ちよく会話が進みます。

ここがポイント!

A: ハイキングに行くんだけど、君も来るかい?

B: **うん!(私も入れて!)**

"Count me in." は「私を中に含めて数えて」が直訳。なにかに誘われた場面で、「行く!」「行きます!」「参加します!」と積極的に仲間に加わりたい気持ちを伝えることができます。ポジティヴな気持ちで、元気に発話しましょう。

A: パーティーやるんだけど、来ない?

B: **いいねー!**

直訳すると「いい話に聞こえる」となりますが、「いいね!」と相手の提案などを肯定する場面で使います。"Sure. Sounds great !"(もちろん。いいねー!)という言い方もよくします。

A: そのうち、僕の画廊に来てみてよ。

B: **よろこんで。**

would love to は「…したいものです」という意味。相手の誘いなどに控えめに柔らかく応じる言い回しで、ちょっと女性的な響きがあります。"I'd like that." (いいですね)と言っても、同じ意味になります。

Unit 27 「そうそう」「そうこなくちゃ」

そうそう!

A : Turn the handle a bit more to your left.

B : Like this?

A : **There you go!**

よくやったね!

A : I passed the audition!
B : **Way to go!**

そうこなくちゃ!

A : All right. I'll try skydiving. Why not?
B : **That's the spirit!**

相手になにかができた場面、なにかで成功した場面や、やる気を見せたときなどに入れる合いの手を身につけて、プラス思考で調子のいい会話運びを心がけてみましょう。

ここがポイント！

A: ハンドル、もうちょっと左に回して。
B: こう？
A: **そうそう！**

「そうそう！」「その調子！」「そうだよ」「それでいいんだよ」「ほらできた！」といったニュアンスのフレーズ。なにかができたときやうまくいき始めた瞬間に使います。"That's it."（そうそう、そうだよ）も同じニュアンスの言い回しです。

A: オーディションに受かったんだよ！
B: **よくやったね！**

「よくやった！」「やったね！」「おめでとう！」という意味で、相手の成功などに対してよろこびを表すことばです。"There you go!" のように「そうそう、その調子よ」と相手を促すときには向きません。

A: わかった。スカイダイビングやってみるよ。いいとも。
B: **そうこなくっちゃ！**

相手が期待どおりのことを言ったときに、「そうこなくっちゃ！」「そうそう、そのノリだよ」「そういう精神でいこうよ」「それでこそ、みんなのノリに合っているよ」といったニュアンスで使いましょう。

Unit 28 「ありがとう」

ありがとう。

A : I made you some coffee.

B : **Thanks a lot.**

助かるよ。

A : I'll do the work, so you go to bed and get better.
B : **I owe you one.**

ありがとうございます。

A : I'll be happy to help you with the project.
B : **I appreciate it.**

相手に感謝する表現もいろいろあります。"Thank you." ばかりを使うのではなく、場面に応じた感謝の仕方を覚えましょう。

ここがポイント！

A: コーヒーをいれたわよ。

B: **ありがとう。**

"Thanks!" と感謝するのがもっともふつうですが、この "Thanks a lot." も、お礼を言う場面での、非常に一般的な表現です。a lot は「たくさん」という意味のフレーズ。"Thanks a million." や "Thanks a bunch." という言い方もありますが、少々ダサく響きます。

A: 仕事はやるから、あなたは休んで元気になって。

B: **助かるよ。**

「助かる、助かった」という気持ちが強いときによく使います。直訳すると「借りがひとつできちゃったね」となります。"I'll buy you a drink some time." (一杯おごるよ) のように加えて言うと気がきいていますね。

A: よろこんで、プロジェクトをお手伝いします。

B: **ありがとうございます。**

appreciate は「感謝する」という意味の動詞。堅めの表現ですが、カジュアルなシーンでも、ちょっとていねいにお礼が言いたいときにはこの表現を使います。「助かります」「あなたの行為がうれしい」という含みがあります。

Unit 29 「ありがたいけど…」

遠慮しとく。

A: Would you like to have a piece of this cake?

B: **No thanks.**
I'm trying to lose weight.

ありがたいけど、遠慮するわ。

A: I'm gonna run a 100 km marathon! Wanna join?
B: **Thanks, but no thanks.**

そうしたいんだけど…。

A: Would you like to go to karaoke with us?
B: **I'd love to but …**

やんわりと遠慮するひとこと。「ありがたいのだけど…」など、相手の気持ちを考えた言い方でやわらかく断る方法を身につけましょう。

ここがポイント!

A: このケーキひと切れ食べる?
B: **いや、遠慮しとく。** 減量中なの。

"No, thank you." (いいえ、けっこうです) よりもややカジュアルな響き。"No thanks." とだけ言うと、少しぶっきらぼうなので、断りの理由や "I appreciate it, though." (ありがたいけど) いったことばをつなぐといいでしょう。

A: 100キロマラソンに出るんだ! いっしょにどう?
B: **ありがたいけど、遠慮するわ。**

相手に感謝しながらも、遠慮するときに使います。場合によっては、ダイアログの例のように、「それはちょっと勘弁してもらいたい」といったニュアンスが含まれることもあります。

A: いっしょにカラオケに行かない?
B: **そうしたいんだけど…。**

I'd love to ... は「…したい」の意で、やんわり断るのに効果的です。but ... の後ろには、"I can't sing." (歌えないの)、"I have to go home." (家に帰らなきゃ) など、そうできない理由を挿入して話します。

Unit 30 「遠慮しておきます」

遠慮しておきます。

A : Would you like some natto?

B : **I think I'll pass.**

いや、大丈夫。

A : I can take you to the airport, if you'd like.
B : **That's okay.**

気が向かないわ。

A : Why don't you come play basketball with us?
B : **I don't feel like it.**

遠慮する場面で役に立つ言い回しを覚えましょう。やんわり断りを入れる言い方のバリエーションを、もっと身につけましょう。

ここがポイント！

A: 納豆はいかが？

B: **遠慮しておくよ。**

「私はパスしよう（遠慮しよう）と思う」が直訳。なんとなく気が進まないときでも、自分の都合で遠慮するというニュアンスが出せますから、相手に失礼にならず断りを入れることが可能です。"I'm going to pass."（私は遠慮します）も同じ意味合いの表現。

A: 空港まで連れていってあげることもできるよ。

B: **いや、大丈夫。**

日本語で断るときの「大丈夫です」というひとことに非常に近いニュアンスです。"No."（けっこうです）と否定するのではなく、自分でなんとかなるから、と相手に心配をかけない表現です。

A: いっしょに、バスケットしにいかない？

B: **気が向かないわ。**

feel like it で「その気分ではない」という意味。ややぶっきらぼうな感じなのであまり強い語調で言わないように注意しましょう。"I'm not feeling up to it."（そういう気分じゃないんだ）と言えば、少しやわらかくなります。

Unit 31 「どういたしまして」

どういたしまして。

A: Thanks for giving me a ride.

B: **You're welcome.**

お安いご用だよ。

A: I appreciate your helping me with my luggage.
B: **No sweat.**

汗なんてかいてないば

大丈夫だよ！

A: Thanks again for taking the time to meet with me.
B: **You bet!**

当然だよ

相手にお礼を言われたときは、そのままにしておくのではなく、きちんと返事をするのがマナーです。感謝の気持ちへのスマートな対応を身につけましょう。

ここがポイント！

A: 乗せてくれてありがとう。

B: **どういたしまして。**

相手の感謝のことばに、「どういたしまして」と、ていねいに返事をするときの代表格です。類似表現には、"Not at all."（なんでもありませんよ）、"Don't mention it."（全然、かまいませんよ）などもあります。

A: 荷物、手伝ってくれてありがとう。

B: **お安いご用だよ。**

直訳すると、「汗なし」、要するに、「まったく容易なことで、汗もかかない」ということです。かなりカジュアルな言い方。女性も使いますが、ちょっと男性っぽく聞こえるかもしれません。

A: 時間を割いて会ってくれて、ほんとうにありがとう。

B: **いいって！**

"You bet !" はカジュアルに「もちろん」「確かに」とあいづちを打つときにも使いますが、このように、相手の感謝への返事にも使えます。「こんなの当然だよ」「任せてよ」「大丈夫」といった、フレンドリーでくだけた響きになります。

Unit 32 「気にしないで」

気にしないで。

A: Thanks for doing the dishes.

B: **No problem.**

大丈夫。

A: Thanks for your help.
B: **Sure thing.**

いつでもどうぞ！

A: Thank you so much for taking care of my cats.
B: **Any time!**

相手になにかで感謝されたときは、「気にしないで」といった、軽くて気さくな返事をしてあげると、気持ちのいいやり取りができます。

ここがポイント！

A: お皿洗ってくれてありがとう。

B: **気にしないで。**

「問題ない」「わけない」が直訳。「気にしないで」「平気、平気」「全然オッケー」といったカジュアルな響きになるフレーズです。くだけた会話の中で、"No prob." と短くして使われることもあります。

A: 手伝ってくれてありがとう。

B: **大丈夫。**

直訳は「確かなことだ」、つまり「当然のこと」という意味。お礼に対するフレンドリーな返事として「いいよ」「大丈夫」といった意味合いで使われます。"Sure." だけでも同じ意味。

A: ネコの世話、ほんとうにありがとうね。

B: **いつでもどうぞ！**

any time は「いつでも」という意味。進んで力になりたい気持ちを表したいときに使います。"Sure. Any time."、"You're welcome. Any time." のように、前にほかのフレーズを伴って使われることが多い表現です。

Unit 33 「ごめんなさい」

ほんとうにごめんなさい!

A: You spilled coffee all over me!

B: **I'm so sorry!**

すいません。

A: Ouch! Excuse me!
B: **My fault.**

悪い。

A: You should have told me about the party.
B: **My bad.**

謝罪のフレーズにも、いろいろなバリエーションがあります。親しい人への軽い謝罪であっても、場面に応じて異なるニュアンスのフレーズを使いこなせるようにしたいですね。

ここがポイント！

A: コーヒー、かかっちゃったじゃないの！（こぼした）

B: **ほんとうにごめんなさい！**

もっとも一般的なおわびの表現 "I'm sorry."（ごめんなさい）に so（非常に、とても）が加わって、「ほんとうにごめんなさい」と、謝罪の気持ちを強調しています。よく使われるフレーズで、どんな状況でだれに対して使っても問題ありません。

A: 痛っ！失礼！

B: **すいません。**

fault は「過ち、過失」の意。フレーズの直訳は、「私のせいです」となります。"My bad." ほどくだけていませんが、やや軽い謝り方です。日本語の「すいません」に近い響き。やや形式的に謝っている感じがする言い回しです。

A: 私にパーティーのこと話してくれるべきだったのよ。

B: **悪い。**

カジュアルで軽い謝罪表現で、ごく親しい間柄で使われます。日本語の「すまん」「すんません」「悪いね」といった響きのひとことで、自分の非は認めてはいますが、きちんとした謝罪には向きません。

Unit 34 「ひどいね」「残念だね」

🍃 それはひどい。

A : I dropped my cell phone in the toilet.

B : **That's awful.**

🍊 ついてないね。

A : I got a D on my test.
B : **Too bad.**

🍃 残念。

A : I can't go to the party. I have other plans.
B : **Bummer.**

相手の不運な状況などに上手に共感・同情するフレーズを覚えると、心の通じる、やさしいコミュニケーションができます。

ここがポイント!

A: トイレにケータイ落としちゃったんだ。

B: **それは、ひどいね。**

awful は「ひどい、いやな、恐ろしい」という意味。「それは大変だったね」と、強い同情の気持を表せます。awful の代わりに、terrible, horrible, dreadful（いずれも「ひどい」の意）などを使ってもほぼ同じ意味の同情表現になります。

A: 試験で、D 取っちゃった。

B: **ついてないね。**

「ついてないね」「残念だね」「気の毒だね」と相手に同情する言い回しです。"Hey, I wanted that cake!" — "Too bad." （ちょっと！そのケーキ私が欲しかったのに！—そりゃ残念）のように、嫌みっぽく使うこともよくあります。

A: パーティーには行けないんだ。ほかの予定があってね。

B: **残念。**

bummer は「がっかりさせる出来事、不愉快なこと」という意味。とてもカジュアルな語感で若者がよく使う言い方です。軽く「そりゃ残念っ！」「それは残念だねー！」と、反語的に皮肉っぽく使うこともあります。

Unit 35 「なんてこと」「ついてないね」

なんてこと。

A : Sandra and Paul broke up.

B : **Oh, no.**

やれやれ。

A : Bob comes home around 2 a.m. every night.
B : **Good grief.**

ほんとうに、ついてないね！

A : Joe lost his job and then lost his home.
B : **What luck !**

ネガティヴな話題に同調するあいづちを使うと、よくない雰囲気の中でもそつなくふるまえるようになります。

ここがポイント！

A: サンドラとポール、別れちゃったんだよ。
B: **なんてこと。**

相手の話したネガティヴな内容に対して、「なんてこと」と反応することば。軽く発話すると「そうなんだ」と軽く同情する感じになり、重々しく発話すると、「なんてことなの」と強く同情するニュアンスになります。

A: ボブったら、毎晩、夜中の２時に帰宅するのよ。
B: **やれやれね。**
「やれやれ、なんてこった」と、あきれた感情のこもった言い回しです。厄介な人物の話を聞いたり、だれかのあぜんとする行動について聞いたときに使うとぴったりです。

A: ジョーは仕事がなくなって、家も失ったんだって。
B: **ほんとうに、ついてないね！**
"What luck !" は、「なんて運（の悪い、ない）」ということ。「なんてこと」「ついてないね」と、話題の人物に同情するときに使いましょう。特に、よくないことが続いてるような人を指して使うことの多い言い方です。

Unit 36 「元気を出して」

大丈夫だよ。

A : I feel so hurt.
   I don't think I can go on ...

B : **You'll be okay.**
   Just give it time.

元気出して!

A : Dan left me. I feel so lonely...
B : **Cheer up!** It's not the end of the world!

胸を張りなさい!

A : I don't think I can face another rejection letter ...
B : **Chin up!** Keep trying.

相手を元気づけるあいづち表現を覚えて、落ち込んでいる人を励ましてあげましょう。お互いに前向きな気持ちになれるといいですね。

ここがポイント!

A: すごく傷ついちゃった。もうやっていけないわ…。

B: **大丈夫よ。** 時間が解決してくれるから。

「あなたは大丈夫になる」が直訳。やさしい口調で言うと、「大丈夫だよ」「なんとかなるよ」「うまくいくよ」と、落ち込んでいる相手をやさしく励ます響きが出せます。逆にハキハキした元気な口調で言うと、ちょっと相手を突き放している感じに聞こえるので、注意しましょう。

A: ダンと別れたの。私さみしいの…。

B: **元気出しなよ!** この世の終わりじゃないのよ。

「元気出して!」という意味のひとこと。くよくよとネガティヴな感情を引きずっている人に向かってよく使うことばです。ちょっと突き放した感じがするので、不幸が起きたばかりの人には使わないほうがベターです。

A: 次に不採用通知が来たら耐えられない…。

B: **胸を張って!** がんばるのよ!

直訳は「あごを上げろ」、つまり「しっかり前を見て」ということ。"Cheer up!"と似ていますが、こちらは「胸を張り、プライドをもって前進して!」といった含みのある言い回しです。年齢や立場が上の人から下の人へ向かってよく使われます。

[コラム]

握手とハグは
どうすればいい?

　日本人には、あいさつに握手をする習慣はあまりありません。控えめに手をそっと出して、相手の手もしっかり握らないふにゃっとした握手をする人を時折見かけますが、これはあまりほめられたやり方ではありません。

　握手のときは、相手の手をしっかりと数秒握って離すのが GOOD。あまり長く握る必要もありませんし、強すぎたり弱すぎたりするのもおすすめできません。ふつうにしっかり数秒、これを心がけてみましょう。

　握手は、性別を問わず行うのがふつうなので、相手が異性だからといって照れたりする必要もありません。自分からどんどん進んで握手してみましょう。

　もうひとつ日本人になじみがないのがハグ（相手を抱きしめる）の習慣ですね。

　なんだか及び腰になってしまったり、からだを硬直させたりする場合がありますが、このようなハグの仕方は、ネイティヴにとっては、逆に心地の悪い感じがします。相手にハグされたときには、こちらも相手の背中に腕を回して、軽く抱きしめてあげましょう。そのとき、軽く背中をトントンと叩いても OK です。ハグも握手と同じ単なるあいさつです。しっかり相手の気持ちを受け止めて、ハグを返してあげられるようになるといいですね。

　ただし、人によっては親しい人や家族、親族以外とはハグをしないネイティヴもいますので、日本人が自分から進んで相手をハグすることまではしなくてもいいでしょう。

Column

第2章

心が弾む ほめことば

英語のネイティヴスピーカーは、子供の頃からほめられて育ちます。ネイティヴにとってのほめことばは、ほんとうに小さな時から体の中にしみ込んだもの。英語には多様なほめことばがあるのです。ここでは、相手を上手に、タイミングよくほめる言い回しをたくさん紹介していきます。大きく明るい声で、カラフルなほめことばを贈って、英会話をエンジョイしましょう！

2

Unit 37 「すごい！」

すごいね！

A : I finished all my homework!

B : **Great!**

すばらしい！

A : Dad, I think I'm going to get a job.
B : **Wonderful!**

それはすごいね！

A : I bring lunch to work everyday.
B : **That's amazing!**

ほめことばは会話のすばらしい潤滑油になります。難しい表現を使わなくても、相手の行為や気持ちなどをほめたい心を伝えることができますよ。

ここがポイント！

A: 宿題、全部終わっちゃった！
B: **すごいじゃない！**

もともとの形は、"That's great!"（それはすごいね！）です。たたえるべきことを聞かされた場面で、「すごいね」と反応するときに使います。「やったじゃん」「よかったね」と相手をたたえるニュアンスをもちます。

A: 父さん、僕、仕事に就こうと思うんだ。
B: **すばらしいよ！**

wonderful は好感や驚きを含んだ「すばらしさ」のこと。「それはよかった！」「いいね〜！」と賞賛する表現です。やや女性的な響きがあり、また年配者のほうがよく使います。

A: 毎日仕事にお弁当を持っていくんだ。
B: **すごいね！**

驚かされるようなすばらしいことをほめる言い方のひとつです。自分にはできない、という含みがあります。相手の行為の立派さに、尊敬の念を抱いたときに使うのにもぴったりです。

Unit 38 「最高!」「すばらしい!」

最高!

A: How do you like my performance?

B: **It was excellent!**

すばらしい!

A: How do you like my painting?
B: **It's fantastic!**

賢いね!

A: I didn't have any vinegar so I used lemon instead.
B: **That's brilliant!**

話し相手の発言・作品や、能力・技術などを、高く評価していることを自分なりに表現してみましょう。

ここがポイント！

A: 私のパフォーマンスどうだった？

B: **最高だった！**

「秀でていてすばらしい、卓越している」という意味をもちます。主観的で強い思い入れをもった言い方です。ふつうにはめるだけでは足りず、最高の評価を与えたいときに使うと、熱い思いが伝わるでしょう。

A: 私の絵どうかなあ？

B: **すばらしいよ！**

もともとの「夢のような」という意味から転じて、「最高にすばらしい」という意味に変化したものです。いまや、もともとのニュアンスは消え去り、含まれなくなってしまっています。

A: お酢がなかったから、代わりにレモンを使ったの。

B: **賢いね！**

brilliant は「すばらしい、見事な」という意味で、相手の才能や力量をほめるときに使いますが、特にこの例のように「頭いいね」「冴えてるね」といったニュアンスで、相手の行為の賢さにコメントするときにも使います。

Unit 39 「やったね!」

やったね!

A : Our team is winning 3 to 1.

B : **Cool!**

やったね!

A : I lost 10 pounds!
B : **Terrific!**

すごくありすごい

やったー!

A : Hey, my dad agreed to let us use the car this weekend.
B : **Awesome!**

くだけた会話口調で相手をほめるときに使うフレーズを覚えると、友達のしたことなどを気さくな調子でほめることができます。

ここがポイント！

A: うちのチームが3対1で勝ってるよ！

B: **やったね！**

「すごい」「すばらしい」「かっこいい」「いかす」といった意味のくだけた日常表現。かしこまった場以外であれば、好ましい状況や物事について、ほぼどんなときでも使える頻度の高いフレーズです。

A: 私、10ポンドも減量しちゃった！

B: **やったね！**

本来は「怖いくらいすごい」という意味ですが、一般的には「やったね」「いいね〜」「すごくいい！」といったノリで気軽に使います。カジュアルすぎるという印象はないので、気負わず言ってみましょう。

A: あのさ、父さんがこの週末、車を使ってもいいって。

B: **やったー！**

発音は「オーサム」。本来は「畏敬の念を感じるくらいすごい」ということですが、口語で使われることで、「やったー！」「最高！」といったくだけた響きになります。ビジネスの場などでの使用は避けましょう。

Unit 40 「悪くない」「まあまあだ」

悪くはないね。

A : How do you like the pizza?

B : **Not bad.**

まあまあだね。

A : How's the new show on TV?
B : **It's okay.**

まあまあかな。

A : How's his singing ability?
B : **It's so-so.**

それほどでもない、ふつうだ、といった評価が言えると、自分のより幅広い判断を相手に伝えることができるようになります。

ここがポイント!

A: そのピザはどう？

B: **悪くはないね。**

"Not bad.（↘）"と下降調に読むと、「悪くはない」と、日本語の「まあまあ」よりも、もうちょっとほめているニュアンスになります。bád を強く読むか、あるいは nót と bád の両方を強く読むと、「いいねえ！」と、さらによい評価になります。

A: テレビの新番組はどう？

B: **まあまあだね。**

"It's not bad." よりも、ややネガティヴで、日本語の「まあまあ」や「悪くないけど…」に近い響き。「悪くはなんだけど、いまいち」といった語感です。"It's all right."（まあまあだね）も、ほぼ同じ。

A: 彼の歌唱力はどう？

B: **まあまあかな。**

これも、"It's okay." と同様に、日本語の「まあまあ」「ぼちぼち」とほぼ同じで、評価が高すぎも低すぎもしないときに使うフレーズです。"So-so." と It's を省略して使うこともよくあります。

Unit 41 「おもしろい!」

おもしろい!

A : The book tells you how to become a millionaire in a year.

B : **How interesting!**

おもしろいね!

A : See. All you have to do is push this button.
B : **Neat!**

へえ!

A : Watch what I can do with this new gadget.
B : **Wicked!**

相手の教えてくれたことへの興味や関心を示す表現をどんどん使えば、相手も自分もいい気分になり、会話が弾むようになります。

ここがポイント!

A: その本には、1年で百万長者になる方法が書いてあるんだよ。

B: **おもしろい!**

「なんておもしろい!」と、強い興味を示すひとこと。知的好奇心を満たすような事柄はもちろん、不思議な現象や事件など新奇なものに出くわした場合などにも、「これはどういうことなのだろう?」といったニュアンスで使えます。

A: ほら、このボタンを押すだけでいいんだよ。

B: **おもしろいね!**

「おもしろいね!」「へえ!」「いいね!」という響き。「かっこいい」「すてき」といった意味でも使えます。やや子どもっぽく聞こえるので、ビジネスなどの場面では使わないほうがいいでしょう。

A: この新しい機械でなにができるか見てよ。

B: **へえ!**

発音は「ウィキッド」あるいは「ウィケッド」。もともとの「ひねくれた、邪悪な」といった意味から転じて、「おもしろい」という意味で使われるようになった語。「すごい!」「ヤバい!(いい意味で)」「へえ!」といったニュアンスです。

Unit 42 「笑える!」

笑えるっ!

A: So that old lady was wearing huge pinapple-shaped sunglasses!

B: **That's hilarious!**

おっかしいー!

A: Look! I can flip over my eyelids.
B: **You crack me up!**

爆笑!

A: How do I look in this monkey suit?
B: **I'm rolling!**

おもしろい話を聞いたり、愉快な出来事が起こったときには、楽しい気持ちを素直に口に出して、話し手といっしょに大笑いしちゃいましょう。

ここがポイント！

A: で、そのおばあさんは大きなパイナップル型のサングラスをしてたんだよ！
B: **笑えるっ！**

相手のおかしな話などを聞いて、「ははは！」と笑ったあとに、「笑えるっ！」「おかしいっ！」といった感じで言うセリフです。おもしろい、おかしいと思っている感情が強く伝えられます。

A: ほら、私ったらまぶたをひっくり返せるのよ。
B: **おっかしー！**

crack up はもともと「バラバラになる」。転じて、「バラバラになるほど大笑いする」という意味で使います。相手のやったことや話などによって自分が爆笑させられている、といった含みがあります。

A: このお猿の着ぐるみ、どう？
B: **爆笑！**

床を転げ回るほど笑っている、という意味。おなかがよじれるくらい、もうおかしくてしょうがないときに、ひとしきり笑ったあとで "Oh, my God. I'm rolling." のように使うことが多い表現。

Unit 43 「やさしい!」

なんてやさしいの!

A: Honey, I made you dinner.

B: **How nice of you!**

やさしいね!

A: Let me carry your bags for you.
B: **You're so sweet!**

やさしいんですね。

A: I just love all of your paintings!
B: **You're too kind.**

相手が厚意ややさしい気持ちを示してくれたときは、黙っていてはいけません。どんなことばを返せばいいかを覚えて、気持ちを通わせましょう。

ここがポイント！

A: ハニー、夕食を作ってあげたよ。

B: **なんてやさしいの！**

相手がなにか親切にしてくれたときに、「(そんなことをしてくれるなんて)あなたはなんてやさしい人なの」という気持ちを込めて使います。相手の性格というよりも、相手が行動で示してくれたやさしさにコメントするニュアンスがあります。

A: カバンを運んであげる。

B: **やさしいのね！**

sweet は、ここでは「甘い」ではなく「やさしい」という意味です。相手の示してくれた思いやりに、感謝の気持ちを込めて「助かるわ」といったニュアンスで使いましょう。

A: あなたの絵、全部大好きよ！

B: **やさしいんですね。**

「すごくほめてくれて、とてもやさしいですね。でも、そんなおほめのことばには値しませんよ」「やさしいことばはありがたいけど、そんなことありませんてば」といった謙遜の含みのある言い方です。

Unit 44 「美しい!」「きれいだ!」

美しい!

A: How does the new dress look on me?

B: **Beautiful!**

きれいね!

A: I planted some new flowers in the garden.
B: **Pretty!**

すごくきれい!

A: Look at my new coat!
B: **Gorgeous!**

なにかの美麗さに感動したときのほめことばを覚えましょう。相手をほめるときにも、目に映ったなにかの美への感動を表現するときにも大活躍します。

ここがポイント！

A: 新しいドレス、似合う？

B: **美しい！**

相手や物の美しさを「美しい！」「きれいだ！」と強くほめるシンプルな言い方。特に見た目の「美」にポイントがあります。英会話では、ほめことばは照れずに大げさに言いましょう。

> A: 庭にちょっと新しいお花を植えたのよ。
>
> B: **きれいね！**
>
> "Beautiful!" と比べると、やや軽く「きれいだね！」と言う感じ。ほめことばは気持ちを込めて笑顔で言うと、感じのよいほめ方ができ、好感を抱いてもらえるでしょう。

> A: 新しいコート見て！
>
> B: **すごくきれい！**
>
> "Pretty!" よりもやや強めに「きれいだ！」と言いたいときに使いましょう。アメリカ口語の gorgeous には、「豪華な」といった含みは弱く、もっと気軽な表現として使われることが多いです。

Unit 45 「かわいい!」

かわいい!

A: Here's a photo of my niece, Lisa.

B: **Cute!**

かわいい。

A: I just got this dress yesterday.
B: **It's lovely.**

なんてかわいいの!

A: Her name is Sasha. She's six months old.
B: **How adorable!**

なにかかわいいものを見たときには、とっさに口から「かわいい」ということばが飛び出してしまいますが、これは英語でもまったく同じです。

ここがポイント！

A: これがめいのリサの写真よ。

B: **かわいい！**

かわいいものを見たときに、とっさに出るひとことです。"Cuuuute!"（キュ——ト）のように長く伸ばして発音すると、「かわいい——！」と、気持ちをより強調することができます。逆に軽くそっけなく言うと、興味なさそうに聞こえる可能性もあるので、注意しましょう。

A: このワンピース、昨日、買ったの。

B: **かわいい。**

"Lovely." は、単に「かわいい」という意味ではなく、同時に「きれい」「魅力的」「素敵」などのニュアンスも含まれる言い方。アメリカではおもに女性が使うフレーズですが、イギリスでは男性も使います。

A: 名前はサシャって言って、6カ月なんだよ。

B: **なんてかわいいの！**

cute より「かわいい度」が高く、抱きしめたくなるような、いとしいかわいさ、といった含みがあります。小さな子供やペット、女性のかわいいファッションなどにも使います。

Unit 46 「かっこいい!」

すごくかっこいい!

A: How do you like my new suit?

B: **You look really cool!**

イケてる!

A: There goes our new boss.
B: **He's hot!**

いい感じだ!

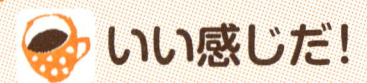

A: I've lost 10 pounds since last year.
B: **Looking good!**

相手の男性がよろこぶ容姿をほめることばのバリエーションを増やして、もっとほめ上手になりましょう。

ここがポイント!

A: 僕の新しいスーツどう？

B: **すごくかっこいいよ！**

cool は「かっこいい」という意味の口語表現。相手の服装などがすごくイカしていてかっこいいと思ったときに使いましょう。"You look awesome/sharp/great!" とも言えます。

A: ほら、あれが新しいボスよ。

B: **イケてる！**

単純に容姿が整っているという意味の handsome や good-looking とは少し違い、hot は、「かっこいいし、さらに色気がある」といった含みのある言い方です。

A: 去年から 10 ポンドもやせたんだ。

B: **いい感じだね！**

「だんだんとよくなってきていて、いい感じだね！」と、体型や体調などが見るからに改善してきた人などへのコメントによく使うほめことば。"Way to go!"（すごい！）などと、励ましのことばを続けて言うと効果的。

101

Unit 47 「おいしい！」

おいしい！

A : How's everything?

B : **Delicious!**

おいしそう！

A : I'm making chocolate chip cookies.
B : **Yum!**

うーん、おいしい。

A : How do you like the chicken?
B : **Mmmmm.**

自分の作った料理の味をほめられて悪い気がしないのは、洋の東西を問いません。たくさんほめて、おいしい料理を気持ちよくいただきましょう。

ここがポイント!

A: お食事はどう?
B: **おいしい!**

料理の味をほめるときの、もっとも一般的な表現のひとつです。このほか、"Great!"(すばらしい!)、"Perfect!"(完璧!)のような単語1語のほめことばでも代用できます。

A: チョコチップクッキーを作ってるのよ。
B: **おいしそう!**

「おいしい!」「おいしそう!」と言うときに。ちょっと子供っぽい響きのひとことですが、大人でもくだけたシチュエーションではよく使います。"Yummy!"と言ってもOKです。

A: チキンはどう?
B: **うーん、おいしい。**

食べ物を前にして「おいしい」「おいしそう」という気持ちを表します。「いいにおい!」という意味にもなります。口を閉じて「ン──」と発音。きちんとしたフレーズでなくても、こんなふうに言えば十分伝わります。

Unit 48 「やったね」

やったね!

A : I finally finished my term paper!

B : **You did it!**

できると思ってたよ!

A : I finally did it! I passed the exam!
B : **I knew you could!**

ついにやったね!

A : I finished the entire workbook.
B : **You made it!**

すごいことをやり遂げた人には、その業績やがんばりをたたえるほめことばで祝福してあげるのがネイティヴ流です。

ここがポイント!

A: 期末レポート、とうとう終わったわ!

B: **やったね!**

相手がなにか大きなことを成し遂げたときに、「やったね!」「がんばった!」といったニュアンスで使うほめことばです。この表現のあとに、"Congratulations !"(おめでとう!)や "I'm so proud of you !"(君のことがすごく誇らしい)などを、続けることもよくあります。

A: ついにやったよ! 試験に合格したんだ!

B: **できると思ってたよ!**

なにかに成功したり、達成したときにかけてあげるひとことです。相手にはその力があるのだとはじめから信じていたというニュアンスで、その人への信頼感を強調します。英語らしいすてきなほめことばですね。

A: ワークブック、全部終わっちゃったよ。

B: **(ついに)やったね!**

made it は、相手が大変な仕事をやっと終えたり、遠いところにたどり着いたりと、困難を乗り越えてなにかを成し遂げたことを表します。"You finally made it !" と finally を加えると、より相手の努力への理解が示せますね。

Unit 49 「よくできたね」

よくできたね!

A: The answer is 126.

B: **Good job!**

やったじゃん!

A: I got all A's on my report card.
B: **Way to go!**

おみごと!

A: They liked our presentation, boss. We got the job.
B: **Excellent work!**

がんばって、仕事や成績でよい結果を出した相手をほめることばを覚えましょう。英語のネイティヴスピーカーは、子供も大人も互いをほめることで成長していくものだと考えています。

ここがポイント！

A: 答えは 126 です。

B: **よくできたね！**

「よくできたね！」と相手をほめるときの、もっとも一般的な言い方です。先生から生徒へなど、目上から下に向かって使うことが多い表現ですが、友達や同僚へのほめことばとして使ってもかまいません。"Great job!"（よくやったね！）と言っても同じニュアンスで伝わります。

A: 成績表でオール A を取ったのよ。

B: **やったじゃん！**

相手がなにかに成功したとき、よい結果を出したときに使います。「やったじゃん！」といった含みのカジュアルな言い回しです。"Great going!"（やったね！）も同じニュアンスのほめことば。

A: ボス、先方がプレゼンを気に入ってくれました。仕事が決まったんです。

B: **おみごと！**

相手の仕事や取り組み、作品などの出来、結果などがすばらしいときに、「卓越した仕事だ」「すばらしい出来だ！」とほめたたえるひとことで、目上の人がよく使います。"Excellent job!"（すばらしい！）も同じ意味。

Unit 50 「おめでとう!」

おめでとう!

A : I got accepted to Tokyo University!

B : **Congratulations!**

おめでとう!

A : Bob and I are getting married!
B : **I'm so happy for you!**

お祝いしなくっちゃね!

A : I got the promotion!
B : **This calls for a celebration!**

ほめことばの中でも、「おめでとう」のひとことはとても大事ですね。心からお祝いの気持ちが伝わるフレーズで、相手を思い切り祝福しちゃいましょう。

ここがポイント！

A: 東大に合格したの！
B: **おめでとう！**

日本語の「おめでとう」と同じニュアンスで、どんなお祝いの場面でも使えるひとことです。最後に -s をつけるのを忘れないように。短くして、"Congrats!" とも言えますが、こちらはだいぶカジュアルな響きになるので、仲間内などで使うようにしましょう。

A: ボブと私、結婚するの！
B: **おめでとう！**

「あなたのうれしい出来事が私もハッピーにさせてくれるわ！」という気持ちを込めたお祝いを言うひとこと。とても一般的で頻繁に使われます。"Congratulations!" と組み合わせて使っても GOOD です。

A: 僕、昇進したんだ！
B: **お祝いしなくっちゃね！**

call for... は「…を必要とする」という熟語。「これはお祝いね！」「お祝いしなくっちゃね！」といったニュアンスで使われます。"Wow! Congratulations!"（すごい、おめでとう！）などのことばといっしょに使いましょう。

Unit 51 洋服をほめる

すごくいいよ!

A: Do I look okay in this outfit?

B: **You look great!**

きれいなワンピース!

A: I bought this yesterday.
B: **Pretty dress!**

すごい!

A: I decided to dress up for the party tonight.
B: Wow! **Look at you!**

特に相手が女性なら、服装をほめる機会は多いですね。服装のほめことばを身につけて上手な会話運びをしましょう。

ここがポイント！

A: この洋服で大丈夫かな？

B: **すごくいいよ！**

"You look great!" は「すばらしく見える」、つまり洋服がとてもよく似合っているという意味です。このように服装の評価にも使えますが、「元気そうだね！」と、見た目全般に関してコメントするときにも使えます。

A: これ、昨日、買ったのよ。

B: **きれいなワンピースね！**

dress の代わりに、outfit（服装）、skirt（スカート）、shoes（靴）などいろいろな語に置き換えて使いましょう。類似の表現として、"Nice ...!"（すてきな…！）や "Beautiful ...!"（きれいな…！）などもあります。

A: 今夜のパーティーのために、おめかししたんだ。

B: わあ、**すごい！**

「自分自身を見てごらん！」が直訳。「あなたは見るからに決まっている、きれい、かっこいい！」という気持ちが入った言い回しです。"Wow!"（わあ！）ということばを入れるとさらに気持ちがこもります。

Unit 52 髪型をほめる

すてきな髪型!

A: Just got back from the hairdresser.

B: **Great haircut!**

すごく似合う!

A: How do you like my new hair color?
B: **Looks great on you!**

いい仕上がりね!

A: How do you like my 60's look?
B: **Nice hairdo!**

髪型をほめられると、細かい変化にも気づいてもらえたと感じて、よろこばれるでしょう。見た目をほめる言い回しにも、こんなにたくさんバリエーションがあるのです。

ここがポイント！

A: ちょうど美容院から戻ったところよ。

B: **すてきな髪型ね！**

シンプルですが、「すごい…だね！」「すごくいい…だ！」「最高の…だよ！」という気持ちがストレートに伝わる言い方です。さまざまな内容をほめるのに応用できる "Great ...!" というフレーズは、特にアメリカでよく聞かれます。

A: 私の新しい髪の色どう？

B: **すごく似合ってる！**

look great on ... は「…（人）に合う」という意味の熟語。great はこんなふうにも使えます。"Looks awesome on you!"（すごく似合う！）や "Looks perfect on you!"（完璧に似合ってる！）のようにも言えます。

A: 私の 60 年代ルックどうかな？

B: **いい仕上がりね！**

「いいスタイルだね、仕上がりだね、髪型だね」とほめるひとこと。hairdo（ヘアスタイル）を 'do（hairdo の略語）に変えて言うと、もっとくだけた感じで相手の髪型をほめることができます。

Unit 53 趣味をほめる

いい趣味ね!

A : This is my shoe collection.

B : **You've got great taste!**

すごくトレンディー!

A : I just got this purse on sale.
B : **Very trendy!**

あなたにぴったり!

A : I just love this new hat I got.
B : **It's so you!**

相手のセンスや趣味のよさをほめると、単に見た目をほめるだけよりも、尊敬の念を伝えることができますね。

ここがポイント!

A: これが私の靴のコレクションなの。

B: **いい趣味してるわね!**

相手の持ち物などの趣味、感覚をほめるのにぴったりな表現。"You've got great taste in clothes/music."(洋服／音楽の趣味がいいですね)と in ... を伴う形で、さまざまなものをほめることができます。taste を使うことで、単に物だけでなくその人自身をほめていることになります。

A: このハンドバッグ、セールで買ったの。

B: **すごくトレンディーね!**

相手の持ち物などがトレンディー(流行している、時代感覚にマッチしている)だと感想を言いながらほめるひとことです。明るい調子で、「いいね」という共感の気持ちを込めて言うといい感じです。

A: この新しい帽子気に入っているの。

B: **あなたにぴったりね!**

so you は「とてもあなたらしい」という意味ですが、「あなたにぴったり!」というニュアンスです。くだけた雰囲気で、気さくかつシンプルに、わかりやすく相手をほめることができます。

Unit 54 持ち物などをほめる

大好き！

A : You read my blog? How do you like it?

B : **I love it!**

すごく好き！

A : These are some of the paintings I did.
B : **I adore them!**

かなり好き。

A : How do you like my new shirt?
B : **I like it a lot.**

相手のなにかが気に入ったら、口に出して相手に伝えましょう。自分の「好きなこと」をはっきり口にすれば、わかり合える部分も増え、打ち解けた会話ができるようになります。

ここがポイント！

A: 私のブログ、読んだ？ どう？

B: **大好き！**

好きだという気持ちを強く伝えたいときは、シンプルな love（大好きだ）ということばを使うのがぴったり。大好きな物にコメントするときの代表格で、ネイティヴも積極的かつ頻繁に口にします。ほめことばで love を使うときは「愛している」という大げさな響きにはなりません。

A: 私の描いた絵なんだよ。

B: **すごく好き！**

adore は「崇拝する」がもとの意味ですが、日常会話では「大好き」「めちゃめちゃ好き」といった響きで気軽に使われています。adore は、特にアメリカでは女性的な響きのある語なので、男性はあまり使いません。

A: 僕の新しいシャツはどう？

B: **かなり好きだよ。**

love や adore ほど好きな気持ちが強くはありませんが、a lot（たくさん、すごく）というフレーズがつくことで、気に入っている度合いが高く聞こえるひとことです。

Unit 55 贈り物をほめる

すてきな贈り物!

A : This is for you.

B : **What a lovely present!**

最高!

A : It's a gift certificate for your favorite boutique.
B : **This is great!**

これが欲しかった!

A : I thought you might enjoy some new earrings.
B : **I've wanted these!**

相手にプレゼントをもらったときには、もらった物をそのままほめたり、相手の心遣いをほめる言い方で、うれしい気持ちを伝えましょう。

ここがポイント！

A: これ、君に。

B: **なんてすてきな贈り物！**

日本語の「すてきな○○！」とほぼ同じニュアンスを出したいときに使えるフレーズ。lovely（すてきな）の代わりに、great（すごい）、awesome（すごい）、thoughtful（心のこもった）など、別の形容詞を入れても OK です。lovely はイギリスでよく使われます。

A: 君の好きなブティックのギフト券だよ。

B: **最高！**

特に相手の厚意のすばらしさに感謝、感激したときに使うと効果的です。そのプレゼントから得られる未来の可能性などまでをも思い浮かべながら感動するようなニュアンスで、文字どおり最高のほめことばになります。

A: 新しいイヤリング、よろこぶかなと思って。

B: **これ欲しかったんだ！**

have wanted と完了形になっているので、「ずっと欲しかった」という気持ちがこもっています。自分の好きなものをわかっていてくれた相手への、感謝とよろこびの気持ちを伝えられる、すてきなひとことです。

Unit 56 アイディアをほめる

すごくいいね！

A: Why don't we have a picnic in the park?
B: **Great idea!**

天才だね！

A: There you go. It's all fixed.
B: **You're a genius!**

すばらしい！

A: Let's toss a coin to decide.
B: **That's brilliant!**

相手のアイディアや発想のすばらしさに驚いたにときには、すかさず評価する合いの手を入れて、思いっきり感心しちゃいましょう。

ここがポイント！

A: 公園にピクニックにいかない？

B: **すごくいいね！**

相手のアイディアがすばらしいと思ったときにほめるための表現です。gréat と idéa の両方を強く読むと、日本語で「あったまいいー！」と強くほめちぎるようなニュアンスになります。

A: できたよ。全部直したから。

B: **あなたって天才ね！**

自分にできないことを、なんの苦労もなくやってしまう相手に対する賞賛のひとことです。「さすが！」というニュアンスをもちます。すごくいいアイディアを提案した人に向かって使うこともできます。

A: コインの裏表で決めよう。

B: **すばらしい！**

自分では思いもつかなかった光り輝くようなアイディアを提案した人に向かって「すばらしいよ！」「最高のアイディアだ！」といったニュアンスで使います。"That's a brilliant idea!" と言っても OK です。

Unit 57 性格、性質をほめる

やさしいね。

A : Here. I'll give you a back massage.

B : **You're so nice.**

気がきくね！

A : I made you some ginger tea for your cold.
B : **How thoughtful of you!**

あなたといると落ち着く。

A : You seem so different when you're with me.
B : **I feel so comfortable with you.**

英会話では、相手の性格や思いやりを積極的に口に出してほめることで、互いの心のきずなを強めることができます。

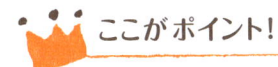

ここがポイント！

A: ほら、背中をマッサージしてあげるよ。

B: **やさしいね。**

この nice は「よい」ではなく「親切な、やさしい」という意味合いです。相手がなにかしてくれたときに、そのやさしさを、「やさしいね」「親切だね」とほめるときに使う定番表現です。

A: 風邪が治るようにジンジャーティーを作ったわよ。

B: **気がきくね！**

「気がきくね」「思いやりがあるね」「やさしいね」と、相手の気配りをよろこびながら言うときにぴったりです。"How nice of you!"（なんてやさしいの！）という言い方もできます。

A: 僕といるときの君はすごく特別な感じがする。

B: **あなたといるとすごく落ち着くの。**

feel comfortable は「居心地がよい」。相手の存在が自分にとってとても安らげるものだ、という気持ちを伝えます。同じ場面では、"I feel so happy when I'm with you."（あなたといるととても幸せ）というひとこともグッド。

[コラム]

ほめられたときの謙遜は NO GOOD

Your English is very good!
(あなたの英語はすばらしいですね!)
とネイティヴスピーカーからほめられたとき、みなさんはどんな返事をしているでしょうか?
No, no! (そんなことありません!)
No, it's not. It's terrible!
(いいえ、違います。私の英語はひどいものです!)
などと謙遜ばかりしてはいませんか?

日本語の会話では、自分へのほめことば (compliments) に対して恐縮し、謙遜するのがふつうですが、これをそのまま英語の世界にもち込んでしまうのは、大きな間違いです。

英語圏の国では、相手のほめことばとは自分への一種の贈り物として受け取るべき名誉あるもの。その貴重な言葉に対して "No." と言うのは、ネイティブにとってはとても不自然な行為なのです。

日本人が謙遜ばかりしているものですから、ネイティブたちは、ほめるたびにほめ甲斐のなさを感じています。

「いったいどうして、日本人は私のほめことばを受け取ってくれないのだ!」
というのが彼らの正直な感想なのです。

繰り返しますが、ほめことばは一種の贈り物です。贈り物に対してはお礼の言葉を述べるのが礼儀というもの。ですから、もしみなさんの上手な英語をネイティブがほめてくれたら、まず素直に

Thank you! That's so nice of you to say!
(ありがとう! そう言ってくれてうれしいです!)
Thanks. I'm glad you think so.
(ありがとう。そう思ってくれてうれしいわ)
のような返答を忘れずに。

第3章

フレーズを いかした ポジティブ トーク

第3章では、第1章と第2章で学んだ基本フレーズを、実際の会話でよくあるやり取りの中でチェックしていきます。すでに紹介した表現をさらに上手に使うテクニックや、第2章までに触れられなかった新しいあいづちやほめことばも登場します。どんなタイミングで、どのようなフレーズが使えるのか、よく観察してみましょう。英会話のあらゆるシーンで役に立つノウハウがたくさん見つかるはずです。

Dialog 01 きまってるね!

髪型を変えた友人に出会ったAさん。すてきな髪型や服装をほめているところです。

ダイアログでチェック

A: **Whoa**, great haircut, Lisa! …❶

B: **You think so?** …❷

A: Yeah. **It's so you.** …❸

B: I'm glad to hear that.

A: And I love your outfit. Is it new?

B: Uh-huh. It was 80% off the original price.

A: **Holy cow!** Lucky you! …❹

B: **I know.** I really lucked out. …❺

対訳

A: **わあ、すごくいい髪型ね、リサ！**
B: **そう思う？**
A: ええ、**あなたにぴったりよ。**
B: あなたがそう思ってくれてうれしい。
A: それに洋服もいいわね。新しいの？
B: ええ。8割引で買っちゃったの。
A: **ええっ！** ラッキーね！
B: **そうなのよ。** ホントに運がよかったわ。

リアクション上手のポイント

❶ Whoa!
"Whoa!"(ウォウ)と、大げさにびっくりしながらほめてあげると、相手はとてもうれしくなってしまうもの。"Wow!"(ワウ)よりも強く、「圧倒された」感を強く出すことができますよ。

❷ You think so?
明るいトーンで "You think so?" と言えば、ほめてくれた人のことばを認めつつ、自分のうれしい気持ちを伝えることができます。

❸ It's so you.
「すてき」などとほめたあとに、もうひとこと「あなたらしいね」とつけ加えると、ほんとうに心からほめている感じがします。

❹ Holy cow!
下品にならずに、「超、びっくり！」な気持ちを表せる便利な言い方。カジュアルなシーンならほとんど問題なく使えます。

❺ I know.
「(信じられないけど)そうなのよ」的な響きで、うれしそうに同意しましょう。

Dialog 02 やさしいのね！

A君といっしょに歩いているBさん。やさしいA君は、Bさんの荷物を運んでくれると言います。

ダイアログでチェック

A: Here. Let me carry your bag for you.

B: **How thoughtful of you!** Thank you. …❶

A: **Sure thing. Glad to help.** I'll walk you to your house. …❷❸

B: You're so nice! I don't know anyone else that's as nice as you.

A: **C'mon.** …❹

B: **Seriously!** I really think so. …❺

A: You're too kind. But thank you anyway.

B: I'll bet women flock to you.

A: Nah. They don't, unfortunately.

対訳

A: ほら、カバンを運んであげるよ。
B: **やさしいのね！** ありがとう。
A: **いいんだよ。手伝えてうれしいし。** 家まで歩いて送るからね。
B: やさしいのね！ あなたみたいにやさしい人、知らないわ。
A: **またまたー。**
B: **まじめに言ってるのよ！** ほんとにそう思ってるんだから。
A: そんなことないよ。でも、とにかくありがとうね。
B: きっと、女の子に人気あるんでしょ。
A: いやー。残念ながらそんなことないんだ。

リアクション上手のポイント

❶ How thoughtful of you!

「気がきくのね、ありがとう」「やさしいね、ありがとう」くらいな感じで、わりあいに軽く感謝の気持ちを伝えます。

❷ Sure thing.

ちょっとした厚意をあらためて感謝されるとちょっと気恥ずかしいもの。"You're welcome." だと、ちょっと堅苦しい。ここは "Sure thing." で「当然のことをしたまで」感を醸し出しましょう。

❸ Glad to help.

「当然のこと」どころか、自分は「よろんこで手伝うんだ」という積極性をここでアピール。

❹ C'mon.

ほめられすぎたら、「いやいやいや、それはほめすぎでしょー」という軽いノリで否定するのもスマート。

❺ Seriously!

「ほんとうだって！」とハッキリ念押し。ここを自信なさげに言ってしまうと白々しく聞こえてしまうことも。

Dialog 03 すごい才能があるのね!

自分で縫ったすてきなドレスを着ているBさん。Aさんがその才能に驚いているところです。

ダイアログでチェック

A: **Look at you!** You look great! …❶

B: Thanks. I'm going to a party tonight.

A: I love your dress!

B: Thanks. I made it myself.

A: **What!?** Seriously? …❷

B: Yep. Last week.

A: **Incredible! I would have never guessed.** …❸❹

B: I make almost everything I wear.

A: That's amazing. **You are so talented!** …❺

対訳

A: **わあ、すごい！** きまってるわね！
B: ありがとう。今夜はパーティーなの。
A: そのドレス大好き！
B: ありがとう。自分で縫ったのよ。
A: **えっ!?** ほんとう？
B: ええ。先週ね。
A: **信じられない！ 想像もしなかったわ。**
B: 着るものはほとんど全部自分で縫うの。
A: すごいわね。**才能あるのね！**

リアクション上手のポイント

❶ Look at you!
相手が現れた瞬間に、服装、髪型、成長などに見違えるような変化があったら、このひとことで驚きながらほめたたえましょう。

❷ What!?
ふつうに驚くなら、"Really?"（ほんとう？）くらいで OK だけど、耳を疑うようなことを聞いて、かなりびっくりしたときは、"What!?"（ええっ!?、はっ!?）と大きな声で言いましょう。

❸ Incredible!
「ありえない！」と驚くときにも使える incredible は、相手をほめちぎるのにも使えます。

❹ I would have never guessed.
「思いもよらなかった」「想像もしなかった」と驚くときに。言われなければ絶対わからなかった、と衝撃の強さを伝えましょう。

❺ You are so talented!
You are so ... は、相手をほめまくりたいときに、いろいろ使えるマルチなフレーズ。smart, creative, kind, thoughtful なども。

Dialog 04 きれいな庭ね!

友達の家を訪れたAさん。すてきな庭や珍しい青いバラを見て、感動を伝えるのにいっしょうけんめいです。

ダイアログでチェック

A: Wow! What a beautiful garden!

B: Thanks. We enjoy it.

A: **I'll bet!** Is it hard to take care of all those roses? …❶

B: **Not really.** I just clip them every once in a while. …❷

A: **Really!** That's amazing. …❸

B: How do you like these blue ones?

A: They're gorgeous! **They are so unusual!** …❹

B: Yes. **Nice, aren't they?** …❺

A: I love them. They are a nice accent.

対訳

A: わあ！ きれいな庭ね！
B: ありがとう。私たちも気に入ってるの。
A: **そうでしょうね！** このバラ全部を手入れするのって、大変？
B: **そうでもないわ。** ときどきちょっと剪定（せんてい）するだけ。
A: **そうなんだ！** すごいね。
B: この青いバラはどう？
A: きれいね！ **すごく珍しい！**
B: そうなの。**いいでしょ？**
A: 大好き。いいアクセントになってるわ。

リアクション上手のポイント

❶ I'll bet!
「こんなすばらしい庭なんだから当然だよね」と、相手の自尊心をくすぐるひとことを。bet を強く、明るい調子で発音しましょう。

❷ Not really.
「ううん、それほどでもないよ」と、完全に否定したくないときにさらっと返しましょう。

❸ Really!
「ホント！」「そうなの！」と意外さを込めて知的に驚く感じ。"That's amazing." や "That's unbelievable." "That's incredible." などと続けて、とても感心している気持ちを伝えましょう。"Really!"（↘）と下げ調子に発音します。

❹ They are so unusual!
珍しいものや変わったものをほめるときに。unique（ほかにはなく珍しい）、rare（めったになく珍しい）などに変えても OK。

❺ Nice, aren't they?
相手がほめてくれたら、"Yes." に加えて、「いいでしょ？」とつけ足せば、相手はさらに同意のことばを返してくれるでしょう。

Dialog 05 就職おめでとう!

彼氏から就職が決まったという話を聞いたBさん。うれしい出来事を、いっしょによろこんでいます。

ダイアログでチェック

A: Hey, remember the job I was telling you about?

B: **Remind me.** …❶

A: **You know**, I went to the interview last week. …❷

B: Oh, the design company!

A: That's right. Well, I got the job!

B: **That's great news! Congratulations!** …❸❹

A: Thanks. I'm so excited!

B: **I'm so happy for you! We should celebrate!** …❺❻

対訳

A: あのさ、僕が言ってた仕事のこと覚えてる？
B: なんだっけ？
A: ほら、先週、面接に行ったでしょ。
B: ああ、デザイン会社ね。
A: そうそう。でね、仕事が決まったんだ！
B: よかったねー！ おめでとう！
A: ありがとう。すごくうれしいよ！
B: 私もうれしいわ！ お祝いしなくっちゃ！

リアクション上手のポイント

❶ Remind me.
直訳は「私に思い出させて」。「なんだっけ？」とたずね返す表現。なにかが思い出せないときは、相手の応援を頼んでみましょう。

❷ You know, ...
相手が思い出せないときには、「ほら」「あれだよ」と言いながら切り出すとナチュラルな感じの語り口に。「あのさ」と関係ない話題を切り出すときにも使えます。

❸ That's great news!
「すごいニュースね！」と、自分のことのようによろこびましょう。「よかったねー」というニュアンス。

❹ Congratulations!
「おめでとう」と、ほんとうによかったという気持ちを込めて。

❺ I'm so happy for you!
「あなたにいいことがあって、私もうれしい」という気持ちで、よろこびを分かち合ってみましょう。

❻ We should celebrate!
お祝いしたくなるほどいいことがあったときには、このひとこと。

Dialog 06 すてきなパーティーね!

友人のパーティーに招待されたAさん。あいさつのあとで、おいしそうなディップをすすめられます。

ダイアログでチェック

A: Thanks for having me over today.

B: **You bet.** I'm glad you could come! …❶

A: **Great party!** …❷

B: Thanks! Hey, did you try this dip?

A: Not yet. Mmmm. **Looks yummy!** …❸

B: Yeah. It turned out really good. Try it!

A: **Delicious! I love the spices in it.** You have to give me the recipe. …❹❺

B: Sure! No problem.

対訳

A: 今日は呼んでくれてありがとう。
B: **いいのよ。**来てくれてうれしいわ！
A: **すてきなパーティーね！**
B: ありがとう！ ねえ、このディップ食べてみた？
A: まだよ。うーん、**おいしそうね！**
B: ええ、すごくおいしくできたの。試してみて！
A: **おいしい！ 入ってるスパイスが大好き。**レシピを教えてよね。
B: もちろん、いいわよ！

リアクション上手のポイント

❶ You bet.
くだけた感じのお礼への返事には、"You bet."で軽く返答。「いいんだよ」「気にしないで」といったニュアンス。

❷ Great party!
招待された催しやパーティーなどは、いいところを見つけてほめまくりましょう。"Nice place."（[家などが] いいところね）、"Love the decoration."（飾り付けがすてきね）なども GOOD。

❸ Looks yummy!
"Looks delicious!"よりも "Looks yummy!"のほうがくだけた言い方ですが、どちらもカジュアルなシーンで気軽に使えます。

❹ Delicious!
食べる前には、"Looks delicious!" や "Looks yummy!" で、食べたあとは、"Delicious!" や "Yummy!" でほめましょう。

❺ I love the spices in it.
料理の味をほめるのにも、I love ... という言い方が便利。"Nice flavor."（いい味ね）、"Smells amazing."（すごくいいにおい）。など、別の角度のほめことばも言えるといいですね。

Dialog 07 かわいい娘さんね!

Aさんの自慢の娘の写真を見せられたBさん。Aさんの娘の印象をいろいろな角度から述べていきます。

ダイアログでチェック

A: Here's a photo of my daughter.

B: **She's a beauty.** …❶

A: Thank you. She's in the fifth grade.

B: She looks mature for her age.

A: I know. **She's a bright girl.** She loves to read. …❷

B: **She has your beautiful eyes.** …❸

A: **Yeah?** Thanks. …❹

B: **She must get a lot of attention from the boys.** …❺

A: She's not into boys yet, though. Thank goodness!

対訳

A: これ、私の娘の写真よ。
B: **すごくきれいね。**
A: ありがとう。5年生なのよ。
B: 年齢の割に大人っぽく見えるわね。
A: そうなの。**明るい子で、**読書が好きなの。
B: **あなたみたいにきれいな目をしてるのね。**
A: **そう？** ありがとう。
B: **男の子にもてるんでしょうね。**
A: でも、まだ、男の子には興味ないから、ほっとしてるのよ！

リアクション上手のポイント

❶ She's a beauty.
相手の子供の容姿をほめてあげると、両親はとてもよろこびます。男の子なら、"He's a handsome boy."のようにほめましょう。

❷ She's a bright girl.
子供の性質をほめて使います。smart(頭がいい)、sharp(頭が切れる)、wise(賢い)などのことばも覚えましょう。

❸ She has your beautiful eyes.
相手と子供との共通点をほめるのも好感度アップの秘訣です。your great looks(あなたの美貌)、your facial features(あなたの顔の特徴)などと入れ換えてもグッド。

❹ Yeah?
悪い気はしない相手のほめことばには、「そう？」と、うれしそうに応じてみましょう。お礼のことばも忘れずに。

❺ She must get a lot of attention from the boys.
「もてるんでしょうね」などと推量しながら表現しても、相手の子供をほめることができます。

Dialog 08 キュートなペットね!

飼い始めた子犬を連れてきた友人。ちっちゃなパグのかわいさに、ちょっと興奮気味のBさんです。

ダイアログでチェック

A: I just got a puppy. Her name is Sally.

B: **Oh, my God! She's adorable!** …❶❷

A: Thanks! She's only three months old.

B: No way! She's so tiny.

A: I know, isn't she?

B: **I love pugs!** I love their squished faces. …❸

A: I agree completely! **She's such a friendly dog.** …❹

B: **And she looks very smart, too!** …❺

対訳

A: 子犬を飼い始めたの。サリーって名前なのよ。
B: **キャー！ すっごくかわいい！**
A: ありがとう！ ほんの3カ月なのよ。
B: うっそー！ すごくちっちゃいね。
A: そうなのよね。
B: **私、パグが大好きなの！** くちゃくちゃの顔がかわいいの。
A: そのとおりね！ **この子すごく人なつっこいし。**
B: **それに、すごく賢そう！**

リアクション上手のポイント

❶ Oh, my God!
「キャー」という感じで、大げさに驚くと、相手もよろこんでくれることうけ合いですね。

❷ She's adorable!
ほんとうに愛らしくてかわいいという気持ちがよく伝わる言い方です。小さい子供や動物をほめるときなどによく使います。

❸ I love pugs!
とにかく、「大好き」とほめまくれば、相手も自分もハッピーになれます。種類や特徴などを具体的にほめましょう。

❹ She's such a friendly dog.
人なつっこいペットをほめるなら、この言い方がグッドです。calm（おとなしい）、laid back（おっとりした）、smart（賢い）、happy（ハッピーな）などを使うのもいいですね。

❺ And she looks very smart, too!
相手のことばにかぶせて、And で始めてほめことばを重ねれば、ほめられたよろこびも2倍に！

[コラム]

ジェスチャーを上手に使おう!
英会話で使うさまざまなジェスチャーを紹介します。

😀 good / bad

親指を上に突き出すと、「いいね!」「おいしいね!」「最高!」といった意味のジェスチャーになります。逆に親指を下に向けると「だめだね」「まずい」「最悪」といった意味に。

😀 So-so.

"So-so."と言いながら、手のひらを下向きにして、左右に振りましょう。顔の表情にも、「まあまあね」といった気持ちを加えてやると、さらに GOOD です。

😟 I don't know.

「さあ」「わからないな」というジェスチャーです。肩をすくめ、手のひらを上に。眉を「ハ」の字にして、困ったような表情をしましょう。手は動かさずに、肩をすくめるだけでも OK です。

😀 cross one's fingers

「うまくいきますように!!」と、幸運を祈るときのジェスチャー。中指を人差し指の上にクロスさせ、ほかの指はイラストのように折り畳みます。相手に向かってこのジェスチャーをしながら、"Cross your fingers." あるいは、"Keep your fingers crossed."（どちらも「私のために祈っていてね」の意）と言うこともあります。

🎃 Phew !

「ああ、よかった」「ほっとした」と、額の冷や汗をぬぐうジェスチャー。汗をぬぐうのは、手のひらでも手の甲でも OK。ぬぐってから汗をはらう仕草ですることもあります。ただ額の前で手をさっと横に動かすだけでも 大丈夫。ジェスチャーと同時に、"Phew!"（ヒュ〜）と言いましょう。

🎃 Good for you !

相手の肩をポンポンと叩くと、「よくやったね」「よしよし、がんばった」と、目下の相手をほめるジェスチャーになります。この応用として、自分の手で同じ側の肩を叩くと、「よくやった、私」と自分をほめるジェスチャーになります。人にほめられたときや、ちょっと自慢したいときに、使ってみましょう。

🎃 rolling one's eyes

あきれた気持ちを表現するときに使うジェスチャーです。目玉を上のほうでぐるりと動かして半円を描きます。単に、目を上に向けるだけでも OK です。

🎃 knock on wood

人に自慢話をすると、そのあと災いが降りかかると言われていて、それを避けるためにするのが、このジェスチャーです。机など木製の物をげんこつでコンコンとノックすれば、厄よけの完了です。

[著者紹介]

長尾和夫

語学書籍の出版プロデュース・執筆・編集・翻訳などを行うアルファ・プラス・カフェを主宰。『英語で自分をアピールできますか？』（角川グループパブリッシング）、『絶対「英語の耳」になる！ リスニング 50 のルール』（三修社）ほか、著訳書・編書は 200 点余りに及ぶ。

A+Café （アルファ・プラス・カフェ）

長尾和夫主宰、2005 年発足の語学系出版プロデュースチーム。柔軟かつ自由な発想と、高度な企画・構成・執筆力、多彩で強力なネイティヴ＋バイリンガル＋日本人スタッフを擁し、語学系出版をリードする数多くの書籍群を世に送り出している。
URL：www.alphapluscafe.com